北京对外交流与外事管理研究基地丛书

变革中的
国际秩序与城市外交

The Changing International Order and City Diplomacy

主 编◎熊 炜　　副主编◎于宏源

时事出版社
北京

北京市哲学社会科学规划办公室
北　京　市　教　育　委　员　会　资助出版

导 言

熊 炜

当代外交的重要发展趋势之一，就是国际体系变得更加开放，越来越多元的行为体参与到外交和国际事务中。其中一个引人注意的现象是，世界各国的城市变得更加国际化，日益成为国际体系中的积极行动者和竞争者，很多城市也以越来越积极的态度关注全球性议题，以城市外交策略应对全球性问题和参与国际秩序建构。在此背景下，城市与国际体系演进之间的互动关系成为当代外交和国际关系研究的前沿课题。

在传统的国际关系研究中，主权国家是构成国际体系的基本单元。在威斯特伐利亚体系中，国际体系中的空间由国家边界来定义，其实质是法理上的空间和外生的空间概念，并不反映人的生活。因此，在传统的外交和国际关系研究中，以边界定义的空间概念提供了最基本的框架，但是此种意义上的空间是被限制住和排他的概念，而不是一个动态变化和包容性的概念。如同法国学者福柯所言："空间被看作是死亡的、固定的和非辩证的，是不动的。"① 在这个体系中，人是被动的，人是国家之间的空间竞争也就是国家之间地缘竞争的受益者或受害者。

而引入城市和城市互动来分析国际体系，其实是重构了国际体系的空间概念和框架，因为不同于植根于法理基础上的主权国家，城市是由人构建的空间，人是城市空间的主体而非附属物。人的偏好、信仰、创

① 转引自 John A. Agnew and James S. Duncan, Introduction, *The Power of Place* (Boston, MA: Unwin Hyman), p. 1。

造、流动，凡此种种，更加动态地定义了城市空间。人的流动实际上让城市的空间不断联系、不断扩大，城市的空间是需要相互联系和包容的。城市作为人的生活空间和人的集合，成为国际体系中的行动者。

以城市的视角看当代国际体系和国际秩序的演变，我们会发现世界范围内正在出现“城市治理全球化”和“全球治理地方化”并行发展的趋势。一方面，全球化日益成为城市化的全球化，城市作为经济单元，在推动全球化进程中的重要性迅速上升。对于这一现象，中国学者周振华曾指出：“一是全球化推动贸易自由化进程，使民族国家干预本国经济的能力受到一定限制，在贸易自由化进程中，形成了各种类型的跨国界协调机构，传统的以国家为中心的空间关系假设在解释当代国际贸易中越来越不重要。二是随着国际投资规模的迅速扩大及其方式的多样化，跨国并购已日益成为其全球扩张的主要方式，全球性跨国大企业的资源配置方式超越了国家疆界，更多地依托于世界各大城市向全球扩散。跨国公司对国际生产和服务的控制与管理主要集中于某些大城市，并以此为节点形成全球生产与服务网络体系。三是出现了金融大规模的全球流动，世界金融中心聚集于几个全球城市。”① 对于主权国家而言，城市和以大城市为中心的城市群在国际经济活动中所扮演的角色对整个国家的经济实力具有更大的意义。② 而且不仅仅在经济领域，其实在人文交流方面，全球化也加快了世界范围内的人文交流，促进了全球文化多样性的发展，同时社会信息化的发展趋势也突破了国家边界的限制。以上这些变化都在城市治理的权力政治维度上得以反映，意大利未来学学者里卡多·彼得拉预测说：“权力将落入在世界范围内进行活动的商人与各城市政府之间所缔结的联盟手中。这种城市政府首先将促进它所包含的全球公司的竞争能力。”③

但是另一方面，全球化所带来的负面效应也集聚在城市与地方层

① 周振华：《崛起中的全球城市——理论框架及中国模式研究》，上海人民出版社 2008 年版，第 42—44 页。

② 熊九玲：《城市的国际角色研究》，北京出版社 2010 年版，第 68—77 页。

③ ［德］汉斯—彼得·马丁、哈拉尔特·舒曼，张世鹏等译：《全球化陷阱》，中央编译出版社 1998 年版，第 28 页。

面。我们生活的地球目前正在变得日益拥挤，世界人口已经超过70亿，而且超过一半以上的人口生活在城市里。根据联合国发布的《世界城市化前景报告》预测，预计到2050年前后将有66%的人成为“城里人”。目前，超过1000万人的超大城市已从1990年的10个增长到现在的28个（亚洲16个、拉美4个、非洲3个、欧洲3个、北美2个），而且新增的超大城市都集中在发展中国家。亚洲和非洲的城市化速度和总体人口增长情况将会非常快：“印度、中国和尼日利亚将占未来30年预计人口增长的37%。到2050年，印度将增加4.04亿城市居民，中国将增加2.92亿城市居民，尼日利亚将增加2.12亿城市居民。”世界是否有能力为超过70亿的人口提供住房、工作机会和资源保障，是当今全球治理的核心政治议题之一。事实上，环境恶化、资源紧缺、人口无序流动等“城市病”现象已成为世界上很多国家正在面临的共同问题，因此在一定程度上甚至可以说，全球治理就是城市治理。

而且，透过城市层面，在应对金融危机、气候变化、环境、流行病、移民等全球性问题的努力中，通过加强国际合作和跨国协调以提升城市竞争力和应对城市治理难题更成为各国城市的重要政策选择。正如学者张玥在本书的第一章中所指出的那样，“在全球化的背景下，城市政治与政策已展现越来越高程度的联系性与外向性，全球城市治理的议程正在形成”。

在如何更有效地加强全球治理的学术讨论中，有学者呼吁建立基于城市参与全球治理的新型国际秩序。[①] 他们认为，现有的以主权国家为基本框架的国际社会在解决全球性问题方面已经力不从心，以城市为代表的新行为体在全球治理方面发挥了日益重要的作用，这反映出国际社会的结构性变化。美国政治理论家巴贝尔认为，在推进全球治理方面，城市与国家最大的不同是，“城市本质上是务实的而不是意识形态的。城市收集垃圾也收集艺术品，而不是收集选票或收集盟友。它们建造楼房和运营公共汽车，而不是举起旗帜和经营政党。它们确保水的流动而

① Curtis, Simon, “Cities and Global Governance: State Failure or a New Global Order?”, *Millennium*, 44: 3, June 2016, pp. 455 - 477.

不是武器的流动。他们促进教育和文化以取代国防和爱国主义。它们促进合作，而不是例外主义”。[①] 他还指出，民意调查显示，65%的美国人信任其市长，而只有18%的美国人对美国国会有信任感，总统也只获得44%美国人的信任。很显然，城市政府受政党政治的影响较少，也不容易受到大量游说集团的影响，因此基于城市合作的全球治理具有稳固的民意基础。

但在实践中，目前世界各国城市参与全球治理还处于初始阶段，主要表现为四种方式：一是通过加入某项中央政府没有批准或退出的国际条约，进而参与重要的全球治理议程。比如，在应对全球气候变暖的国际行动中，美国136个城市的市长曾代表3000万市民呼吁美国政府批准《京都议定书》，减少温室气体排放，控制全球变暖趋势，改善地球环境。华盛顿州西雅图市市长尼克尔斯宣布，尽管美国政府尚未加入《京都议定书》，但他和其他135位市长愿意按照这一文件要求，承担相应义务，减少可产生温室效应导致全球气温升高的二氧化碳气体的排放，同全球变暖现象做斗争。[②] 在美国特朗普政府宣布退出《巴黎协定》之后，美国加利福尼亚州州长布朗也和美国以及世界上很多国家的地方政府领导人一起承诺将继续合作以应对全球气候变暖。[③] 二是通过参与解决某个重要国际问题，帮助实现全球治理的目标。比如，在巴以冲突这一问题上，一些西方城市积极参与巴以和平进程，以自身独特的优势帮助该地区缔造和平。欧洲和加拿大的城市参与了与巴勒斯坦地区的对话，帮助该地区发展，海牙还举办了“巴以城市和平会议”。这些城市正是通过这一系列活动参与到中东地区的和平进程之中。三是成立城市国际组织或者办事机构参与全球治理。四是通过召开国际会议，建设平台，开展对话，加强对全球治理的认识，分享全球治理的经验。

---

① Benjamin Barber，“If Mayors Ruled the World”，http：//longnow. org/seminars/02012/jun/05/if－mayors－ruled－world/，2018年12月13日访问。

② “美国136位市长呼吁美政府批准京都议定书”，中国可持续发展工商理事会，http：//www. cbcsd. org. cn/news/566. shtml，2013年4月24日访问。

③ The Economics，“California leads subnational efforts to curb climate change”，Sep. 15，2018.

对于中国城市而言，参与全球治理具有更加特殊的意义。传统上，中国的城市外交是指城市政府在国家主权和总体外交战略的框架内，为实现国家和城市的利益，在中央政府的授权或政策指导下所从事的国际交往活动，是中国特色民间外交的重要组成部分，其主要表现形式是以友好城市交流活动为主的民间交流。① 但是进入新时代以来，中国城市开展城市外交应更加注重在全球治理领域发挥创造性作用。自习近平新时代中国特色社会主义外交思想提出构建人类命运共同体以来，中国的总体对外战略强化了价值观理念的内核。构建人类命运共同体思想超越了国家间关系的维度，突出人类共同的理想与追求，具有价值观上的指向。作为一个具有5000年历史的文明型国家，中国智慧和中国方案将有助于解决全球性问题和世界各国的发展问题。新时代中国的城市外交需要配合国家的总体外交和地方发展，面向世界，在应对世界各国人民共同面对的全球性挑战上做工作，推动中国方案和中国精神落地生根。

为深入探讨城市在全球治理和推进中国特色大国外交中所发挥的作用，促进相关领域的学术交流，本书的主编团队发起举办了“城市与国际秩序”学术研讨会，会议于2018年7月1日在北京召开，由外交学院主办，上海国际问题研究院和上海“世界城市日”事务协调中心合办，北京对外交流与外事管理研究基地承办，同时此次会议也是2018年联合国“世界城市日”系列活动之一。参与写作本书的各位作者均在国际关系和城市外交领域素有研究，他们受邀参会研讨，本书即是此次会议交流切磋的成果。各位作者从城市参与全球治理、城市外交配合国家总体外交、主场外交以及“一带一路”的城市外交等多个方面展开研究，其中既有理论探讨，也有对中国和外国城市开展城市外交的实证分析，从整体上丰富了学术界在这一领域的研究。在此，笔者谨代表主编团队向本书的各位作者表示衷心的感谢！

另外，我们还要特别感谢北京市哲学社会科学规划办张庆玺副主任、刘军处长，以及北京市人民政府外事办公室李龙杰处长、上海市人

---

① 有关城市外交的概念，参见李小林、李新玉主编：《城市外交理论与实践》，社会科学文献出版社2016年版，第30—53页。

民对外友好协会办公室黄品芳主任、上海“世界城市日”事务协调中心成键主任、胡雅珠副教授、外交学院副院长孙吉胜教授、科研处处长夏莉萍教授、北京大学政府管理学院副院长陆军教授、清华大学社科学院副院长赵可金教授、中央党校国际战略研究院赵磊教授、外交学院国际关系研究所高尚涛教授等专家学者，他们也出席了会议并发言，他们贡献的真知灼见也催生了本书。同时，还要感谢时事出版社谢琳女士以及本书的责编，正是在他们的细心编辑之下，本书才最终得以出版。

/ **目录** / *Contents*

上篇　城市与国际秩序

第一章
变革的国际秩序中的城市治理　\　张　玥

一、城市治理：从地方性到全球性 …… 004

二、全球气候治理 …… 007

三、移民问题 …… 008

四、全球城市治理的推动因素与展望 …… 009

第二章
跨国城市网络在全球气候治理中的行动逻辑　\　李昕蕾

一、跨国城市网络运行机制的既有理论研究及不足 …… 013

二、国际公共产品供给“自主治理”的分析框架 …… 016

三、跨国城市网络在气候公共产品供给中的案例研究：以 CCP 为例 …… 021

第三章
城市在中美人文交流中的机制 \ 袁 琳 熊 炜

一、城市与中美人文交流 …… 031
二、城市参与中美人文交流的机制 …… 044
三、非对称性：城市参与中美人文交流的机制能力差异 …… 057
四、案例分析：苏州市与波特兰市的人文交流 …… 064

第四章
G20 杭州峰会：中国参与全球经济治理主场外交 \ 任 琳

一、杭州峰会“主场外交”紧扣4个I主题 …… 074
二、G20 机制的全维度 …… 075
三、金砖国家之间的立场协调 …… 077
四、展望：G20 任重道远 …… 078

下篇 城市外交

第五章
2018 年中国内地主要城市对外交往活力指数 \ 于宏源

一、城市对外交往活力的理论框架体系 …… 084
二、城市对外交往活力指数的模型与指标构建 …… 093
三、2018 年中国主要城市对外交往活力指数 …… 099
四、研究结论 …… 114

第六章
"一带一路"的城市外交剖析 \ 汤 伟

一、"一带一路"城市外交的动力 …… 119
二、"一带一路"城市外交的形式 …… 122
三、"一带一路"城市外交的影响 …… 125

第七章
多边外交与北京国际化大都市建设 \ 牛仲君

一、多边外交与北京国际交往中心建设 …… 131
二、发展历程：从赛会外交到主场外交 …… 133
三、国际组织外交的未来展望 …… 137

第八章
北京雁栖湖典范与中国主场外交 \ 方鹿敏 尹继武

一、雁栖湖区域打造"国际交往新城"的基本范式 …… 142
二、雁栖湖与中国主场外交实践 …… 147
三、雁栖湖地区进一步参与中国主场外交的建议 …… 152

第九章
从《纽约时报》看北京城市形象的国际传播 \ 欧 亚 熊 炜

一、研究背景 …… 156
二、研究方法 …… 157
三、研究发现 …… 158

第十章
城市外交如何体系化：解析副省级城市在外事领域的“外溢”表现 \ 张 鹏

一、副省级城市计划单列的“外溢”逻辑 …… 167
二、十个省会型副省级城市在外事管理领域的“外溢型”扩权 …… 169
三、省会型副省级城市国际化发展制度安排的创新性评估…… 176

第十一章
日本在东南亚的城市外交及对中国的启示 \ 查 雯

一、日本城市外交发展趋势的数据分析 …… 185
二、日本城市外交发展的原因分析 …… 188
三、日本城市外交的经验 …… 194
四、对中国的启示 …… 199

上　篇

城市与国际秩序

第一章　变革的国际秩序中的城市治理

张　玥*

［**本章导读**］21 世纪是城市化的世纪。随着全球治理实践的发展，人们对于城市治理的理解已逐渐从地方性过渡到全球性。城市不仅受到全球化的影响，同时对全球化也有反作用力，从而形成了一个新的全球城市治理的场域。这一变化趋势主要受两个因素的影响，即城市的联系性与城市政策的外向性。本章结合具体案例，对城市在气候变化和移民问题上的全球治理过程做了分析。

21 世纪是城市化的世纪。20 世纪初，世界仅有约 15% 的人口居住在城市，而目前这一数字为 54%。预计到 2050 年，世界城市人口将增至 70%。[①] 在如此迅速的城市化过程中，未来约 75% 的世界城市人口增长将发生在发展中国家，集中于亚洲、非洲和拉丁美洲。城市化所带来的不仅是世界范围内城市人口绝对数量的大幅度增加，城市的规模也变得越来越大了。目前，全球有 30 个城市的人口过千万，被定义为超大型城市。以全球规模最大的 300 座城市和其所在的都市圈为例，它们所生产的 GDP 占到世界 GDP 的一半。可以说，城市是世界经济增长的重

* 张玥，美国伊利诺伊大学芝加哥分校政治学系副教授。

① UN Habitat, *Urbanization and Development, Emerging Futures* (*World Cities Report, 2016*), New York: United Nations, 2016.

要推动力。同时，世界各大洲的城市化率也呈现不均衡性，北美洲、拉丁美洲和欧洲的城市化率最高，分别为81%、80%和74%。其中，北美洲及欧洲的城市化过程与其工业革命和移民史交织在一起，历史最为悠久。

一、城市治理：从地方性到全球性

（一）城市治理的地方性

从19世纪末至今，美国经历了大规模的城市化。城市化在给美国社会带来经济繁荣的同时，也导致了很多政治、社会问题的出现。在这样的背景下，城市政治学与城市社会学的研究于20世纪50年代在美国兴起，学者们开始通过实证研究来应对城市化过程中出现的种种问题，城市政治学、城市社会学也成为当时非常重要的学科。因此，城市在西方社会科学中一直占有重要地位。很多重要的概念，例如社区权力结构[①]、多元主义[②]、机制政治[③]、社会资本[④]、参与式治理[⑤]都是基于对城市和地方政治的研究而发展出来的。同时，对于城市与地方层面权力与社会关系的理解，可以帮助我们更好地理解较高一级的国家层面的政治。正如美国前众议员发言人奥尼尔所说："所有的政治都是地方政治。"（"All politics is local."）

---

① Hunter F, *Community Power Structure. A Study of Decision Makers* (Chapel Hill: University of North Carolina Press, 1953).

② Dahl RA, *Who Governs? Democracy and Power in an American City* (New Haven: Yale University Press, 1961).

③ Stone CN, *Regime Politics. Governing Atlanta* 1946 - 1988 (Lawrence: University Press of Kansas, 1989).

④ Putnam RD, *Bowling Alone. The Collapse and Revival of American Community* (New York: Simon & Schuster, 2009).

⑤ Porto de Oliveira O, *International Policy Diffusion and Participatory Budgeting. Ambassadors of Participation, International Institutions and Transnational Networks* (New York: Palgrave Macmillan, 2017).

在认识到城市重要性的同时，学者们也指出，城市政治与城市治理是有地方性和局限性的，这种有限性体现在城市空间、城市资源与城市自身的独立性等多个方面。美国学者彼得森（1981：4）在其著作《城市极限》中指出:[①] “城市政治不同于国家政治：同国家政治相比，城市政治是最有限的。许多关键性的公共政策，地方政府就不能够执行。地方政府不能宣战或媾和，不能签发护照或禁止他人进入所辖地，不能发行货币，不能控制进口或树立关税壁垒。城市不能从事的还有其他一些事项，这些只是城市权力局限的最关键部分。由于城市的所作所为受到限制，所以留给它们的权力是在非常显著的约束之下得以行使的……城市政治是有限的政治。”

城市极限的理论奠定了西方城市政治研究的基础，它划定了地方政治与国家政治、低级政治与高级政治的界限，也影响着我们对于国家内政和外交政策的理解。这一强调城市治理地方化与有限性的理论框架是由特定的时代背景决定的，在城市化和全球化日益加剧的今天，受到了越来越多的挑战。

（二）城市治理的全球性

随着全球治理实践的发展，人们对于城市治理的理解已渐渐从地方性过渡到全球性。人们逐渐认识到，城市不仅受到全球化的影响，同时对全球化有一个反作用力，从而形成了一个新的全球城市治理的场域。这一变化趋势主要受两个因素的影响，即城市的联系性与城市政策的外向性。

城市的联系性最集中的体现是全球性都市（global city）的崛起。全球性都市的概念由美国学者萨森于 2001 年最早提出。[②] 随着全球经济体系的发展，城市不再仅仅是一个个各自为政的地方行为体，而是形成了一个网络。一些在政治、经济、文化领域地位显著的大城市，一跃

---

① Peterson PE, *City Limits*, Chicago（University of Chicago Press, 1981）.

② Sassen S, *The Global City*, *New York*, *London*, *Tokyo*, 2nd Edition,（Princeton: Princeton University Press, 2011）.

成为这些网络的节点或枢纽，即所谓“全球性都市”。萨森基于对纽约、伦敦、东京的研究，指出全球性都市具有以下主要特征：第一，这些城市是全球贸易、金融以及专业性服务产业的指挥部。第二，这些城市是生产知识、技术以及创意的重要基地，也是这类产品的主要市场。第三，这些城市中的社会极化与贫富差距严重，形成了高收入专业人士与低收入劳动者的对立。

随着全球性都市这一概念的出现，很多研究机构开始对城市的全球化指数进行衡量和排名，从而分析城市的竞争力。如在柯尼的2018年全球城市报告中，其就通过城市商业活动、人力资源、信息交换、文化以及在国际政治事务中的参与度等五个变量对城市的全球性加以评估。一些数据分析显示，在全球化背景下，城市之间的联系性日益加强，全球性都市一跃成为世界城市系统中的领袖。

除了城市之间联系性的加强，城市政策的外向性也日益突出。传统意义上，城市被认为是一个较为内向性的组织，关注自身的地方权力与地方事务，例如基础设施建设和公共产品与服务的提供。然而，在全球化的影响下，城市政策越来越具有外向性。

在其《如果市长统治世界》一书中，巴贝尔指出，有很多的政策议题被民族国家有意无意忽视掉，或者是这些国家行为体没有能力解决的。对于这些议题，他认为城市尤其是市长们有权力行使管辖权。① 巴贝尔指出了市长所具有的应对这些问题的优势。其一是务实的作风。与国家层面的政治不同，地方政治较少意识形态色彩的争议，城市领导者们更关注的是怎样把具体的事情做好。其二是城市之间长期以来形成的合作机制。城市之间经济、文化等领域的合作有助于很多政策问题的解决。巴贝尔进一步提出了构建全球城市议会的想法。

虽然这些观点颇具争议性，但城市政策外向性的增强是不争的事实。换言之，城市治理不再仅仅局限于地方事务，而是越来越多地涉及到世界范围的议题，一个全球城市治理的议程正在慢慢形成。接下来，本章

---

① Barber B, *If Mayors Ruled the World*: *Dysfunctional Nations*, *Rising Cities*, (New Haven: Yale University Press, 2013).

将结合具体案例，对城市在气候变化和移民问题上的全球治理过程加以分析。

二、全球气候治理

城市在全球治理中参与度最高的议题之一就是气候变化的问题。2005 年，伦敦时任市长利文斯通召集了 18 个世界主要城市的代表进行会晤，讨论气候变化和可持续城市发展问题。这次会议就是在气候变化问题方面十分重要的国际组织——城市气候领导联盟（Cities Climate Leadership Group，C40）的雏形。

今天，全球有 90 多座城市参与到 C40 城市集团中，含十座中国城市。这 90 多个城市成员遍布拉美、欧洲和亚洲，它们的 GDP 占到世界 GDP 的 1/4。许多城市采取了积极的措施来应对气候变化。例如，波哥大和圣保罗改善了城市公共交通系统；哥本哈根和巴黎修建了更多的自行车道，鼓励市民减少汽车的使用；伦敦和新加坡通过调整高峰期的政策来限制车流，从而减少温室气体的排放；包括巴黎在内的很多城市扩建了地铁和电车网络。这些政策都为推动可持续城市发展奠定了基础。在众多地方行为体和国际社会的共同推动下，全世界 196 个国家于 2015 年在巴黎签署了关于全球气候变化的《巴黎协定》。《巴黎协定》是在《联合国气候变化公约》的框架内被国际社会认可的一项重要文件，是众多主权国家共同承诺并付诸实施的努力，在全球气候变化治理方面具有里程碑意义。

美国原本是这 196 个成员国之一，然而美国总统特朗普于 2017 年宣布美国将退出《巴黎协定》。他的决定遭到了众多美国市长的反对。例如，奥斯丁的市长阿德勒说："奥斯丁不会停止为气候变化问题而战。在世界范围内，城市将在气候变化治理过程中发挥领导作用，因为很多事情都发生在地方层面。"华盛顿的市长鲍尔斯说："展望未来，我们对发展风能与太阳能的承诺不会改变。我们将致力于将华盛顿建成一座可持续发展的城市。”圣路易斯的市长克罗森说：“我们将尽我们的全力，继续履行《巴黎协定》的规定。”匹兹堡的市长佩杜托说：“为了我们的人民、我们的经济和未来，我向你保证我们将遵守《巴黎协定》。”这些城市遍布美国各地，城市规模大小不一，市长的党派也是既有民主党也有共和党，但它们纷纷对特朗普总统的做法表示强烈不满，表达了对《巴黎协定》的支持。

在C40市长的领导下，279个美国城市的市长签署了一项联合声明，表示他们将继续遵守《巴黎协定》的规定。另外，一些城市制定了更为具体的政策来履行《巴黎协定》。例如，波特兰和匹兹堡的市长将100项可更新能源作为目标列入其市政。纽约、芝加哥和华盛顿的市长签署了行政令，从而将《巴黎协定》的内容制度化成其城市政策。全球气候变化治理在相当长时间内被看作是主权国家和国际组织管辖权范围内的议题，然而越来越多的城市用实际行动表明，城市和市长们已逐渐成为这一治理过程的重要主体。

三、移民问题

城市参与国际治理另一个十分重要的领域是移民问题。随着中东地区和中美洲难民数量的增加，很多国家都面临着如何应对移民与难民的问题。以美国为例，美国联邦政府对于无证移民的态度历来十分强硬，多采取逮捕或遣返的政策。然而，有相当多的地方政府采取与联邦政府截然不同的政策立场，它们不愿配合美国联邦政府执法机构逮捕或拘留无证移民的政策，借此保护无证移民免遭驱逐出境，这些城市、县或州被称为“庇护城市”。目前，美国有约6个州、39座城市、364个县对无证移民采取庇护政策。

这些地方政府公然与联邦政府唱对台戏，采取庇护政策的原因何在？其中一个很重要的原因是，很多犯罪行为是针对无证移民的。这些城市希望通过庇护政策，鼓励无证移民大胆地举报针对他们的犯罪行为，从而降低城市犯罪率。同时，从人道主义视角出发，这些地方政府希望无证移民不会因惧怕被遣返而放弃寻求医疗和教育支持。无证移民是廉价劳动力的来源，因此也可以在一定程度上推动地方经济发展。另外，无证移民与当地移民和少数族裔社区关系密切，地方政府也希望通过庇护政策增强这些社区与警方之间的相互信任。庇护城市的政策导向与联邦政府不尽相同。为了对庇护城市施压，促使其放弃庇护政策，特朗普曾签署总统命令，宣布取消对这些城市的联邦政府拨款。这一决议引起了相当大的反弹，纽约、芝加哥、旧金山等大城市的市长们纷纷表示反对，并宣称要将特朗普总统告上法院。有趣的是，这些城市采取了较强硬的支持庇护政策的立场后，其市长的支持率一路飙升。

另一个十分著名的支持移民政策的城市是伦敦。伦敦市长萨迪克汗本身就是巴基斯坦的移民，也是一位穆斯林。他以自己的亲身经历，在很多场合公开强调移民对一个国家和地区政治、经济、文化繁荣的重要贡献，并表示欢迎各国移民，还特别呼吁国际社会改变对穆斯林的脸谱化认识与歧视政策。英国举行脱欧公投后，他马上公开宣布："即使有英国脱欧的公投，伦敦仍将继续是一座宽容、具有大都市精神、面向未来的国际化城市。我们欢迎世界各地的投资者以及移民。"

四、全球城市治理的推动因素与展望

在全球化背景下，城市政治与政策已展现出越来越高程度的联系性与外向性，全球城市治理的议程正在形成。如下三个主要因素对这一议程的形成具有促进作用：第一，城市人口日趋多样化，并且与其他国家在经济、文化和社会方面的联系日益加强，从而构成了城市成为全球治理实践主体的社会基础。第二，城市之间的合作项目与合作机制进一步增多，如"姐妹城市"项目与城市外交，这些制度安排增强了城市间的合作与政策扩散，有助于城市间共同政策议题的形成。第三，包括联合国人居署、联合国教科文组织、城市联盟、市长基金会在内的众多国际组织为全球城市治理提供了越来越多的专业性技术支持。

无论是从国内政治还是国际政治的角度来看，城市已经越来越成长为重要的行为体。同时，需要指出的是，全球城市治理议程的形成也面临诸多挑战。一方面，如何协调市长与国家领导人的关系。与国家领导人相比，世界各国大城市市长的社会与文化背景一般更为多元，更崇尚自由主义的政治立场，重视社会平等与再分配政策。这些差异难免造成城市的管理者和国家的管理者之间在政策目标上的分歧与矛盾。另一方面，如何平衡本地居民的需求与外向性的城市政策之间的关系。市长应该对谁负责？市长应扮演什么样的角色？当我们在变革的国际格局中探讨城市治理的未来时，这些都是值得深入思考的问题。

第二章 跨国城市网络在全球气候治理中的行动逻辑*

李昕蕾**

[**本章导读**] 本章从公共经济学中的“自主治理”理论视角出发，以城市气候保护网络（CCP）为例分析了跨国城市网络在气候治理中的行动逻辑。跨国城市网络主要通过多中心治理（低授权性、高包容性、公共产品易私有化性、网络杠杆性）和社会资本网络化（高社会资本性、网络知识共同体、内部基准治理）实现了外部强制力缺失的情况下网络内部的有效激励、可信承诺和相互监督；同时促进了网络合作联盟的不断扩大，为气候治理公共产品的持续供给提供新的动力，在一定程度上克服了全球气候政治中的“集体行动困境”。

全球气候治理作为一种典型的国际公共产品供给，具有非排斥性和非竞争性的特点，在其治理过程中很难保证代表公益的公共产品的持续供给，同时有效阻止搭便车行为的发生。目前，国家层面关于应对气候变化的多边国际谈判常因涉及许多政治和经济利益的“单边理性计算”而变得窒碍难行。而同这种自上而下的“大多边主义”气候治理模式

---

* 本章主要内容曾以“跨国城市网络在全球气候治理中的行动逻辑：基于国际公共产品供给‘自主治理’的视角”为题发表于《国际观察》2015 年第 5 期。

** 李昕蕾，山东大学政治学与公共管理学院副教授，山东大学环境政治研究所副所长。

并行发展的是一种经常为人所忽视的自下而上的地区层面“自主治理”模式（Self-Governance），即关注次国家行为体在全球气候治理中的能动性和权威性。[①] 如在2009年的哥本哈根会议和2012年的里约+20峰会上（Rio+20），与正会的相对失败形成鲜明对照的是，由地方政府、跨国网络和非政府行为体等组织的各种会外活动取得了极大的成功，达成了很多颇具成效的低碳减排承诺和低碳行动标准。特别是拥有世界过半人口、消耗世界3/4能源的城市行为体,[②] 面对极端气候事件的肆虐以及日益脆弱的都市生态环境，在温室气体减排和低碳经济发展上发挥了一种“地方性引领者”作用，引发了我们对于气候治理国际产品供给路径的再思考。

本章主要关注跨国城市网络（Transnational Municipal Networks-TMNs）在克服全球气候治理“集体行动困境”中的能动性和自主性。自20世纪90年代初以来，世界各地开始涌现出各种具有特殊治理议题导向的跨国城市网络,[③] 在气候治理领域具有代表性的网络包括城市气候保护网络（Cities for Climate Protection-CCP）、城市气候领导联盟（Climate Leadership Group-C40）、气候联盟（Climate Alliance）等。跨国城市网络的气候治理可以理解为一个跨越国界的城市群体为了更好地应对气候变化这一共同挑战，通过城市之间自愿、互利以及协商的方式进行制度性合作，建立起一个“自主治理”的网状架构和治理平台，并进行最优治理方法、实践经验绿色技术创新以及认知规范等的交流，从而提高城市层面在气候政治中的资源调动能力和全球影响力。本章在梳理和评述现有跨国城市网络理论的基础上，依托公共经济学中的“自主治理”理论来探讨跨国城市网络在国际气候公共产品供给中的作用，最后以CCP为例进一步探析其在气候治理中的行动逻辑。

---

① Matthew J. Hoffmann, *Climate Governance at the Crossroads, Experimenting with a Global Response After Kyoto* (Oxford: Oxford University Press, 2012), pp. 2－16.

② 都市化规模扩张以及气候变化加剧成为21世纪城市所面临的两大挑战。预测到2030年，将有2/3人口会居住在城市；到2050年，城市人口会达到50亿。随着城市日益成为人口聚居及活动的中心，其对全球气候变化问题具有不可低估的影响和不可推卸的责任。

③ Marco Keiner and Arley Kim, “Transnational City Networks for Sustainability”, *European Planning Studies*, 15: 10, 2007, pp. 1369－1395.

一、跨国城市网络运行机制的既有理论研究及不足

关于跨国城市网络的研究最初源于经济全球化背景下的世界城市理论。该学派代表人物约翰·弗里德曼和泰勒等人认为，全球生产的分工与合作导致城市联系越来越频繁，全球化下的城市已经超越了静态地理的概念，成长为内嵌于全球经济网络中的世界城市。① 作为承载着各种物资流、金融流、技术流、人才流等动态要素的重要节点，世界城市开始超越国家边界形成相互连接在一起的城市网络。② 总体而言，世界城市理论主要基于经济地理学的理论模型，较多关注城市之间超越传统地缘概念的"物质资源性"网络流动，却忽视了网络空间本身所承载的社会性影响。作为流动空间理论的代表人物，曼纽尔·卡斯特将社会网络理论同世界城市理论相结合，极大地推动了城市网络理论的发展。他指出，全球化社会本质上是一个由网络构建的具有全新意义的信息社会，在这一流动空间中，世界城市被穿行其中的流（信息、资本、知识、文化实践等）所生产和再生产。③

尽管世界城市理论及流动空间理论阐释了城市间日益紧密的经济联系和社会聚合如何为城市网络的诞生提供基本动力，但未能从政治学角度分析跨国网络作为国际社会中的新兴行为体，其治理空间和政策议题的形成以及利益相关者之间的互动等内在动力机制是如何运行的。为了克服这一理论范式的局限，基于多层治理的全球在地化治理理论（Glocalization Governance）、基于国内政策网络延伸的跨国倡议网络理论

---

① 约翰·弗里德曼（John Friedmann）在1986年最早提出了"世界城市"的概念，认为世界城市是国际资本和国内外移民聚集的中心。参见 John Friedmann，"The World City Hypothesis"，*Development and Change*，17：1，1986，pp. 69－83。

② John Friedmann，" Where We Stand：A Decade of World City Research"，In：Paul L. Knox and Peter J. Taylor，eds.，*World Cities in a World-system*（Cambridge：Cambridge University Press，1995），pp. 21－47.

③ Manuel Castells，*The Information Age*：*Economy*，*Society and Culture. Volume I. The Rise of the Network Society*. 2 ed.（Malden，Oxford，Carlton：Blackwell Publishing，2000），pp. 562－568.

（Transnational Advocacy Coalition Theory）和基于知识权威以及规范行为全球扩散的认知共同体理论（Epistemic Communities）等成为目前研究跨国城市网络运行逻辑的主流理论。

学者里斯贝特·胡奇和盖里·马克斯于20世纪90年代初期提出了“多层治理”的概念用于解释欧洲一体化进程。[①] 该理论不仅局限于一种垂直性多层治理，即权力在地方、国家和超国家政府机构之间进行分配和让渡；同时还存在一个水平性纬度，即治理权威还分散到次国家层面与诸多私人和公共行为体之间。在此基础上，学者罗兰·罗迫逊提出了“全球在地化”（Glocalization）理论，即在全球化“裂聚”过程中，次国家行为体获得了更多的分权，地方行动能力得以强化；它们更加积极地融入到全球化网络体系中，通过地方层面的行动来回应全球性议题，体现了“思考全球化，行动在地化”的网络运行逻辑。[②] 学者贝瑞·韦尔曼提出全球在地化实践标志着次国家层面在全球层面的治理权威得以充分肯定，权威领域由等级性分布向平面网状化转变。[③]

政策网络理论的代表学者马什和罗德斯将社会网络结构分为政策共同体和议题网络：前者是指政策安排的强制度化形式，其中价值、规范和资源均被分享，组织成员对特殊的问题达成有较高的一致性；后者是指参与成员的关系、理念、价值和利益都具有流动性。[④] 该理论被运用到各种跨国关系研究中，如学者马克·费罗尼指出，“世界政府的理论既不可行又不合理，而以问题为导向的跨境网络正成为对跨国治理模式要求的最新回应”。[⑤] 基于此，学者玛格丽特·凯克和学者凯瑟琳·斯

① Liesbet Hooghe and Gary Marks, “Unraveling the Central State, But How? Types of Multi-Level Governance”, *Institute for Advanced Studies*, Vienna, No. 3, 2003, p. 36.

② Roland Robertson, “The Conceptual Promise of Glocalization: Commonality and Diversity”, http://artefact.mi2.hr/_a04/lang_en/theory_robertson_en.htm (accessed on 16 May 2013).

③ Barry Wellman, “Little Boxes, Glocalization, and Networked Individualism”, in Makoto Tanabe, Peter van den Besselaar, eds., *Digital Cities* (Springer-Verlag, 2002), pp. 11 – 25.

④ Marsh, D. and Rhodes, R. A. W., “Policy Communities and Issue Networks: Beyond Typology”, In Marsh, D. and Rhodes, R. A. W, eds., *Policy Networks in British Government* (Clarendon Press, 1992), p. 16.

⑤ Ferroni, M. “Reforming Foreign Aid: The Role of International Public Goods”, http://www-wbweb5.worldbank.org/wbiep/decentralization/Library2.htm.

金克提出了跨国倡议网络理论，强调非国家行为体通过“回飞镖”（Boomerang Pattern）网络运行模式来推动特殊政策议题在全球的规范性扩散，即非国家行为体超越国家层面同国际组织和/或国外媒体相联合，通过国外渠道向国内上层决策者施加压力。①

国际关系学者罗伯特·基欧汉和约瑟夫·奈将跨国网络分为三种不同的类型：一是具有工具性目的的网络，如跨国公司和跨国银行；二是以共同事业观念为动机的网络，如科研团体和知识共同体等；三是以共同的道德观念和价值观念为行为动机的网络，共同的价值信念对于认知共同体具有重要的粘合作用。② 虽然学者彼得·哈斯提出的“认知共同体”理论仅强调某个领域具有知识性权威的专家网络在全球治理中的作用，③ 但其对网络中认知因素的强调进一步扩展了跨国网络的研究。基于此，学者索菲·布特里格在其研究中开始强调城市的社会性、认知性和规范性，赋予城市以规范权力、认知力、学习力等社会属性，将跨国城市网络理解为一种能动性的且不断构建共同集体身份认知的行动网络，指出认知学习性和规范领导性是网络运行的根本性动力所在。④

综上所述，虽然上述理论分别将全球化下的经济联系和社会聚合、权威空间多层分治、议题性“回飞镖”模式以及网络身份认知视为跨国网络的内在动力机制所在，但在将这些理论直接运用到跨国城市网络的运行逻辑分析中还存在以下几个问题：一是在本体论研究上，未将城

① Margaret E. Keck and Kathryn Sikkink, *Activists Beyond Borders: Advocacy Networks in International Politics* (Cornell University Press, 1998), pp. 1 - 121.

② Robert Keohane and Joseph Nye: *Transnational Politics and World Politics* (Harvard University Press, 1971).

③ 该理论强调“一个由某一特定领域有公认的专长和能力、具有该领域政策上的知识权威的专家所组成的网络”能够提供专业性建议，厘清复杂问题中的因果关系，帮助决策者界定国家利益所在。参见 Peter M. Hass, “Epistemic Communities and the Dynamics of International Environmental Cooperation”, in V Rittberger and P Mayer, eds.: *Regime Theory and International Relations* (Oxford Press, 1993)。

④ Sofie Bouteligier, “Does Networked Globalization Need Networked Governance?”, *Paper presented at the 50th Annual Convention of the International Studies Association*, New York City, USA, February, 2009.

市同其他地方行为体做出明确区分，跨国城市网络的“次政府”性质同侧重于政治游说和动员的传统协会或跨国非政府组织有着很大的区别；二是上述理论在方法论上割裂了跨国城市网络的地缘空间属性和社会认知属性，这两种并存的属性决定了跨国城市网络在全球水平治理中的独特授权性，使其形成一种不同于其他跨国网络的特殊行动逻辑；三是上述理论未能成功解释如何克服特定公共领域中的“集体行动的困境”，以及如何协调网络成员之间的利益偏好和行为模式。下面，本章试从国际公共产品供给的“自主治理”角度来分析跨国城市网络在气候治理中的内在行动逻辑。

二、国际公共产品供给“自主治理”的分析框架

在全球气候治理中，温室气体排放权是一种典型的国际社会“公共产品”，其消费具有非排斥性和非竞争性的特点。根据美国经济学家曼瑟尔·奥尔森的“集体行动的悖论逻辑”，集团利益的这种国际公共产品属性促使理性的行为体在实现集体目标时往往具有坐享其成搭便车的倾向，个人的理性选择并不能自发地提升社会效用。[①] 既然在全球治理中无法阻止国家搭便车行为的发生，如此推论，在地区层面也很难说服城市采取单边性的温室气体减排承诺。然而在地区气候治理实践中，搭便车现象要比理论上预测的少很多。[②] 比如当各个国家还在为京都议定书的细节唇枪舌战的时候，第一个事实上接受温室气体减排目标的加拿大多伦多市，其早在1990年就单方面通过了减排的目标决议。另外，作为对国家层面应对气候变化消极态度的反抗，美国、加拿大和澳大利亚的众多城市对于气候变化的回应行动开始快速增长，如美洲城市气候保护网络（CCP-America）和美国市长气候保护协议行动网络（US

① Mancur Olson, *The Logic of Collective Action: Public Goods and the Theory of Group* (Harvard University Press: Cambridge, 1965).

② Carolyn Kouskya and Stephen H. Schneiderb, "Global Climate Policy: Will Cities Lead the Way?", *Climate Policy*, 3: 4, 2003, pp. 359-372.

Mayors Climate Protection Agreement）中的成员数目不断增加，提出了比国家层面温室气体减排标准更高的雄心勃勃的减排目标。那么，如何来看待这种“集体行动悖论之悖论”现象呢？

（一）自主治理理论对于“集体行动困境”的超越

在公共产品治理方面，奥尔森基于“个体理性选择原则”指出要依靠一种精英主义式的解决方式，即依靠一种强制性的或选择性激励的方式使公共产品的外部性内化。在这一逻辑下，国际向度上促进国际公共产品的供应主要依赖于两个路径：一是通过大国之间的领导和协调作用来推动集体结构的优化；二是通过强化正负“选择性激励”机制来促进利益集团的形成以及合作团体的扩大。[①] 上述方案受到来自三个方面的批判：在奥尔森囚徒困境中，博弈是一次性的，不管对手如何选择，不合作总是行为者的占优策略。其次，奥尔森单纯依靠“精英主义”大国治理，即由一个集体产品的最大获益者或剩余索取者（一般是霸权国或地区强国）来生产并提供“选择性激励”，从而忽视其他国际行为体在国际公共产品供给中的作用。最后，要想真正对集团成员起到激励作用，“选择性激励”的提供者必须能够识别处于匿名状态的潜在成员，准确度量其贡献并形成有力的奖惩手段。这在一个大集团中很难实现，即便可行，也会带来高昂的管理与交易成本。[②]

基于此，美国政治学教授埃莉诺·奥斯特罗姆将理性选择与制度分析结合起来，[③] 提出一种超越“集体行动困境”的“自主治理理论”。

---

① “选择性激励”机制包括互惠政策，即使用互惠策略来达成一项合作协议并要求制裁必须是可信和严厉的；议题联系政策，如把全球公共产品的供给和国际贸易联系起来，限制与非成员方的贸易；补偿政策，即国家之间不对称时，对弱势国家进行适当经济补偿。促进“选择性激励”实现的强制性权威或能力来自于“精英主义式”的大国协调。国际公共产品的提供首先需要大国的领导以及大国之间的协调。参见齐皓：“国际环境问题合作的成败：基于国际气候系统损害的研究”，《国际政治科学》2010 年第 4 期，第 82—111 页；于宏源：“国际环境合作中的集体行动逻辑”，《世界经济与政治》2007 年第 5 期，第 43—50 页。

② Lars Udehn, “Twenty-Five Years with ‘The Logic of Collective Action’”, *Acta Sociologica*, 36: 3, 1993, pp. 239–261.

③ 埃莉诺·奥斯特罗姆（Elinor Ostrom）作为公共经济学研究和公共选择学派的创始人之一，凭借其公共池塘资源和公共财产制度的研究获得 2009 年度诺贝尔经济学奖。

她指出奥尔森集体行动困境的前提假设主要有三个：一是个体之间沟通困难或者无沟通；二是从根本上否定了利他主义倾向的存在；三是个体无改变规则的能力。这种模型适用于个体彼此间独立行动、缺乏沟通并且个体改变现有结构需要高成本的一些大规模的公共事务治理，对于彼此经常沟通并且建立了信任和依赖感的相对小规模的公共事务治理并不适用。自主治理理论的核心内容便是研究“一群相互依赖的委托人如何才能把自己组织起来，进行自主治理，从而能够在所有人都面对搭便车、规避责任或其他机会主义行为诱惑的情况下，取得持久的共同收益”。① 自主治理理论将集体行动问题视为一种保证博弈（Assure Game）：个人的选择建立在对他人选择预期的基础上，一个人的不合作源于对其他参与者的不合作预期；但参与者间的沟通、声誉、进入和退出的高成本、更长的时间视域、惩罚机制的存在等都有助于增进参与者间的合作预期。在保证博弈中，她强调“规范运用者”（Norm-Using Players）的存在，主要包括有条件的合作者和意愿惩罚者。② 前者在预期相当比例的他人会以合作来回报其合作行为时，会首先选择合作；后者愿意惩罚搭便车者，即便有时候他要支付由惩罚而产生的成本。③ 在不存在外部强制或者诱因的情景中，克服集体行动困境并提供基于内部激励的公共产品还要依赖于两个核心条件：一是治理规模不能太大，参与者能够相对低成本地发现其他参与者的违规行为；二是重复博弈，一旦发现其他参与者的违规行为后，人们能够迅速地调整自己的策略。

（二）“自主治理”视角下的跨国城市网络运行机制分析框架

公共产品供给的自主治理模式主要关注的是一个群体在没有外部强

① ［美］埃莉诺·奥斯特罗姆，余逊达、陈旭东译：《公共事物的治理之道：集体行动制度的演进》，上海三联书店 2000 年版，第 51 页。

② Elinor Ostrom, *Understanding Institutional Diversity* (NJ: Princeton University Press, 2005), pp. 100 – 134.

③ Elinor Ostrom, “Collective Action and the Evolution of Social Norms”, *The Journal of Economic Perspectives*, 14: 13, 2000, p. 142.

制的情况下如何解决承诺问题，即他们必须激励自己（或其代理人）去监督人们的活动，实施制裁，以保持对规则的遵守。从根本上而言，这一问题的解决主要依靠以下两种路径：多中心治理模式和社会资本网络化。这为我们更好地理解跨国城市网络在国际气候公共物品供给上的行动逻辑提供了理论支撑。

1. 跨国城市网络在国际公共物品供给上的第一重动力：多中心治理模式

多中心治理主要是指在公共治理过程中，并非只有政府一个主体，而是存在多个决策中心，地方政府、各种非政府组织及私人机构都可以参与其中，并且在既定的制度约束下共同行使主体性权力。该模式具有三个特点：一是强调决策中心下移，面向地方和基层的决策合理性在于有效利用地方性的信息做出“因地制宜”的决策；二是治理制度上的多样选择性和包容性，即通过网络性的多中心公共论坛以及多样化的制度安排实现公共利益的持续发展；三是提高公共产品供给的地区化和私有化，强调将治理权限下放到规模较小的地方行为体，其治理领域更易为小范围的善治做出贡献，从而将外在效应事务治理内部化，集体行动就成了私人物品提供的副产品。

具体到跨国城市网络，多中心治理模式可以从四个方面来理解：一是跨国城市网络在治理结构上的高包容性，具体体现为：成员可以自愿、自由、自治地加入或者离开网络；网络呈现出一种开放性和均质性的自治形式，特别是将多维度的空间性和社会性有机结合起来。二是跨国城市网络在治理过程中的低授权性，作为次国家行为体，城市的低授权性主要体现在它拥有更多的可以直接运用的地方性权力来提供气候治理公共产品，如规则和政策制定（立法授权）、政策执行（行政授权）和争议解决（司法授权）。[①] 具体而言，地方政府应是温室气体排放减量最有力的推动者，因为市政府握有土地使用规划以及污染管理的权威，通过制定当地土地利用政策、管制建筑和基础设施建设、管理交通

① 参见［英］戴维·赫尔德、安东尼·麦克格鲁编，曹荣湘、龙虎译：《治理全球化：权力、权威与全球治理》，社会科学文献出版社 2004 年版，第 44 页。

拥堵与交通系统等措施来有效减少温室气体的排放。[①] 三是跨国城市网络治理在公共产品供给上的“易私有化性”。在地方层面，人们之间能够在相互接触中经常沟通、不断了解，彼此之间建立起信任和依赖，更容易建立共同的行为准则和互惠的处事模式；与此同时，全球治理权力的下放和分散配置有助于激励地方行为体把私人物品的提供转变成解决当地问题的公共物品。四是这种多中心治理还体现在城市行为体同其他非政府行为体的灵活合作方面，如同跨国企业、非政府组织、跨国倡议网络的合作都推动了多中心治理的网络发挥杠杆效应。

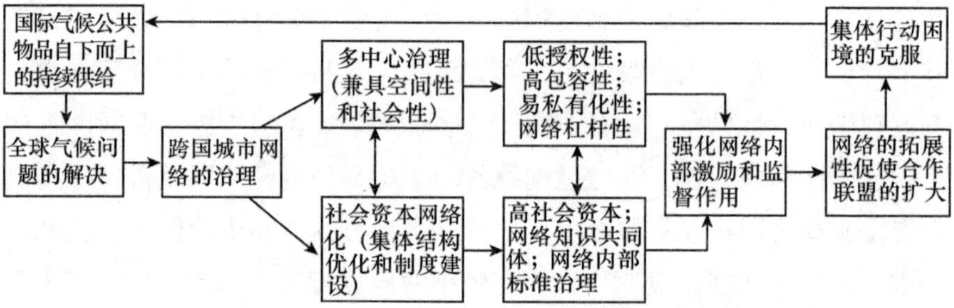

图 2—1　跨国城市网络的自主治理与公共物品供给逻辑

资料来源：作者自绘。

2. 跨国城市网络在国际公共物品供给上的第二重动力：社会资本网络化

社会资本可以定义为关于互动模式的共同认知、理解、规则、规范和预期，它们能够通过推动行动协调来提高社会效率。[②] 在自主治理中，社会资本是以网络状态存在的，自治组织内外个人及组织之间的社会信任关系形成网络化的联结，从而保持一种即时性和高度弹性化的相互联通。这一治理主要有两大特点：一是社会共识和信任的横向网络性。正

① Harriet Bulkeley and Michele M. Betsill, *Cities and Climate Change: Urban Sustainability and Global Environmental Governance* (New York: Routledge, 2003).

② ［美］罗伯特·帕特南，王列、赖海榕译：《使民主运转起来》，江西人民出版社 2001 年版，第 195 页。

如美国政治学家罗伯特·D. 普特南所言：横向关系网络把具有相同地位和权力的行为者联系在一起，而垂直关系网络将不平等的行为者结合到不对称的等级和依附关系之中。对共同体而言，横向关系网络越密集，其公民就越有可能进行为了共同利益的合作。[①] 因此，就公共产品供给而言，横向网络比传统意义上的垂直网络作用要大。二是社会资本为公共产品供给提供了激励监督机制。社会资本强调在保证博弈模式下，制度规范、关系网络和信任度能够对集体行动团体进行强有力的外部监督。团体的内部监督依赖于密集的社会网络，在一个组织共同体中，紧密的参与网络增加了不合作行为和欺骗行为的成本。

具体到跨国城市网络的社会资本网络化，可以从三个方面来理解，第一，作为网络的基本构成体，城市这一治理规模相对较小的行为体拥有更高的社会资本。如比起国家层面，城市层面的有效沟通和频繁互动要高很多，其同质性和相互依赖性更强。在这一过程中，城市层面的利益相关者群体更容易建立相互的信任和依赖，从而促进共同的行为准则和互惠模式的生成。第二，城市之间的网络性连接有利于知识和信息的流动，一种学习导向性的规范扩散具有了网络性渠道，推动了整个网络的身份和规范再塑造。随着网络之间信息和知识的交流分享，城市网络之间形成了一种网络知识共同体。第三，在社会资本较高的城市网络中，内部性治理更容易通过大家的共识来设立公认的行动基准；有时行动基准的设立并非强制性的，但却有着较高的内部监督力。

三、跨国城市网络在气候公共产品供给中的案例研究：以 CCP 为例

成立于 1990 年的地方政府环境行动理事会（ICLEI）是世界上最大的跨国城市网络之一，旨在借用地方政府的力量改善城市可持续发展环

① 吴光芸、杨龙：“超越集体行动的困境：社会资本与制度分析”，《东南学术》2006 年第 3 期，第 11—16 页。

境，并为地方政府环境关切的表达提供一个国际平台。① 目前已有来自81个国家的共计1173个城市成为其会员。1992年里约地球峰会之后，ICLEI成功推动了"城市二氧化碳减排示范项目"（the Urban CO_2 Reduction Project）的展开，并在此基础上于1993年创建了城市气候保护网络（CCP），使之成为世界上第一个促进地方政府减排的跨国城市网络。② 下面以CCP为例，具体分析跨国城市网络在气候公共产品供给上的自主治理逻辑。

（一）CCP的多中心治理模式与气候公共产品供给

在气候治理公共产品的供给方面，CCP的多中心治理既体现在结构上，也体现在功能上。就结构上而言，跨国城市网络实现了双重多中心治理模式，即不仅实现了地区层面的多中心治理，鼓励来自发达国家和发展中国家的各种规模的城市行为体都可以参与其中；同时还实现了超国家范围的多中心治理，呈现了一种立体多面的治理形式，充分体现了跨国城市网络的高包容性和开放性特点。

学者克里斯蒂娜·凯恩和哈瑞特·布克里指出，CCP等跨国城市网络都有类似的网状结构：一是一个国际性的秘书处及各国的分部；二是负责决策的大会，在两次城市会员大会的空档期，这些机构负责日常的政策决定；三是不断扩大中的会员城市。③ 跨国城市网络的治理模式是由会员自治，没有上位机构，因此任何政策都是由会员在大会中进行决策的。这种多中心弹性治理结构有利于网络的不断扩展。自成立以来，CCP成员数量以惊人的速度持续增长。创立之初，该网络只有14个来自欧洲和北美的城市；到2002年，其成员数量已

① 在地方权威国际联盟（IULA）和联合国环境规划（UNEP）的推动下，ICLEI成立于1990年9月，美国纽约。参见 http：//www. iclei. org/iclei-global/who-is-iclei. html（accessed on 16 January 2014）。

② ICLEI Website，http：//archive. iclei. org/index. php？id = 10829（accessed on 23 January 2014）.

③ Kristine Kern and Harriet Bulkeley，"Cities，Europeanization and Multi-Level Governance：Governing Climate Change Through Transnational Municipal Networks"，*JCMS：Journal of Common Market Studies*，47：2，2009，pp. 309 – 332.

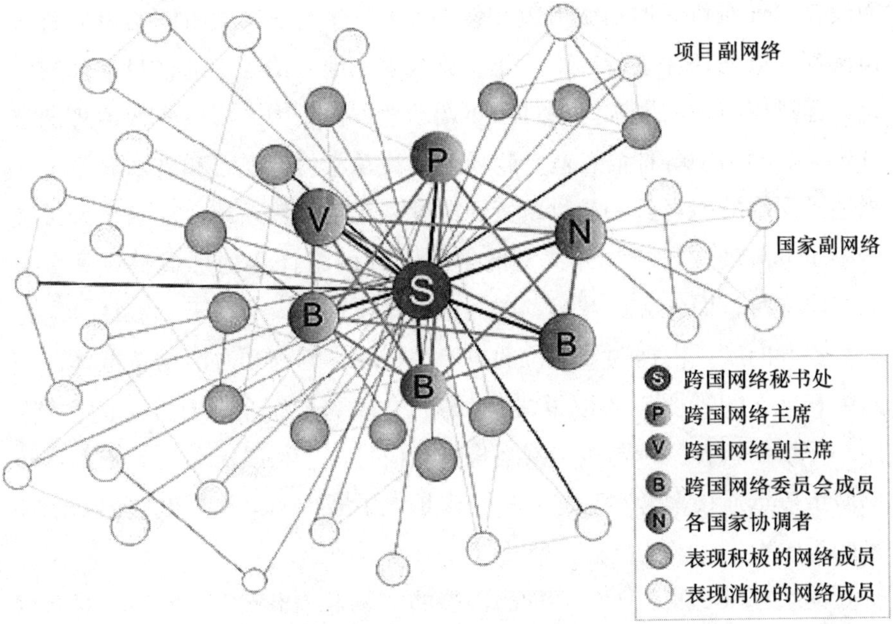

图 2—2 以 CCP 为代表的跨国城市网络的结构

资料来源：Kristine Kern and Harriet Bulkeley, "Cities, Europeanization and Multi-Level Governance: Governing Climate Change Through Transnational Municipal Networks", *Journal of Common Market Studies*, 47: 2, 2009, p. 315.

经扩至 561 名；而到 2009 年，CCP 在全球范围内的成员数量已经超过 1000 名。① 加入 CCP 为会员城市带来了如下好处：城市会员可以在网络中交流最优实践，互相观摩；通过参与跨国界网络，得到网络内部以及跨国资金的援助；地方的气候倡议能够获得更多的国际认可等。这些好处也促进了网络得以不断延伸和壮大。

从功能上来看，首先，CCP 实现了城市网络治理过程中的低授权性，为气候公共产品的供给奠定了坚实基础。CCP 的主要目标是：促进形成全球范围内的地方政府运动，以实现地方温室气体的重大减排，从

① Michele M. Betsill, "Transnational Networks and Global Environmental Governance: The Cities for Climate Protection Program", *International Studies Quarterly*, Vol. 48, 2004, pp. 471 – 493.

而改善空气质量，加强城市适宜性。[①] CCP 首先强调城市网络可以将城市治理的低授权性进行网络优化，克服单一地方治理中的信息缺失与不足，通过网络中的资源流动进一步调动地方性权力来提供气候治理的公共产品。网络中各种信息流、物质流的流动从内部整合和外部联系上都增强了网络的能力：一是物质资源向度，包括通信系统、交通系统以及金融服务流动在内的各种“流的空间”为网络社会的形成提供了重要的物质支持，而各会员城市则成为这一物质资源聚合的天然载体；二是人力资源向度，占据领导地位的技术、金融、管理和政治精英群体出于兴趣和工作的需要，往往聚集在城市之中，成为活跃于“流的空间”中的开拓创新者。跨国城市网络将具有信息流、物质流和人力资源优势的城市节点连接聚合在一起，进一步扩大了城市网络作为低碳创新活动家的影响力。

其次，CCP 实现了公共物品供给的“易私有化性”。如经过对美国 23 个加入 CCP 的城市气候变化倡议制定的实证研究，学者卡罗琳·库思凯和斯蒂芬·施耐德指出，全球层面的集体行动困境没有阻止地区减排倡议的涌现，地方政府精英坚信减排机制是理性政策选择：节省费用的同时可以带来很多共同利益，如降低能耗、提高能源利用率、促进绿色经济增长、提高绿色就业等。[②] CCP 推出了提高能源效率和使用清洁能源的低碳战略，如制定建筑的节能标准、实施能源审计方案以及通过激励机制促进混合动力车的使用等。在 CCP 中，这些创新性的最优实践可以通过网络在全球范围内加以流动和扩散。因此，公共物品供给的“私有化”又可以经历一个“扩散化”的过程，即通过议题性网络将地区层面的“小型善治”模式联结起来，通过网络联结实现“善治”规模的拓展，“自下而上”式地克服全球议题中的“集体行动困境”，并促进国际公共产品的整体供给。

① Emani Kumar, “Local Climate Action-ICLEI's Role towards Low Carbon Solutions”, http://unfccc.saveoursky.org.tw/iclei/images/uploads/ppt/Emani-Kumar.pdf (accessed on 16 January 2014).

② Carolyn Kouskya and Stephen H. Schneiderb, “Global Climate Policy: Will Cities Lead the Way?”, *Climate Policy*, 3: 4, 2003, pp. 359 – 372.

最后，CCP实现了城市网络治理过程中的杠杆作用，从而提升了其在气候公共产品供给上的影响力。跨国城市网络的能动性充分体现在同其他行为者联合起来对政策的输出施加影响和/或控制，特别是在有效争取和组织各种资源方面（政治、金融和知识资源）具有独特的优势。[①] 得益于网络的延展性和治理弹性，跨国城市气候网络可以通过同国家和国际两个层面的外部行为体（如各国政府、国际组织、跨国NGO、企业、智库等）互动来强化自身的权力，并创造新的政治空间。[②] 如CCP通过同联合国环境规划署（UNEP）、世界银行（WB）等多边组织的合作，为其成员争取各种资助和融资项目，同时还可以凭借提供专家咨询和政策回馈报告来提升其政策影响力。特别是在气候治理中，CCP积极争取国际气候谈判观察者身份，举行同大会同步的各种会外活动来设立独立的城市议程分享治理经验，以及劝说国际社会在气候变化问题上采取更具有前瞻性的立场。另外，CCP还可以同其他跨国倡议网络、跨国非政府组织等保持合作关系来提升自身的“杠杆影响力”，如将其政策、技术、规范等方面的创新纳入到全球气候谈判进程，从而对国家行为体施加压力，而国家政策的相应改变又为网络行动提供了更加有利的“政治机会结构”。

（二）CCP的社会资本网络化与气候公共产品供给

在网络结构中，通过更为流畅的信息交流、共同身份的塑造、行为体彼此间义务与期望的承担等，网络成员间的信任和规范认同得以强化，提升了集体行动协调能力，为气候公共产品的供给提供了保障。对CCP而言，可以从三个方面来理解这种社会资本的网络化：

第一，以CCP为代表的跨国城市网络在社会资本上有双重特性：一是网络城市本身作为规模较小的治理行为体具有较高的社会资本，城

---

① Clous J. Schultze, “Cities and EU Governance: Policy-Takers or Policy-Makers?”, *Regional and Federal Studies*, 13: 1, 2003, pp. 121 – 147.

② Helga Leitner and Eric Sheppard, “The City is Dead Long Live the Net: Harnessing European Interurban Networks for a Neo-Liberal Agenda”, *Antipode*, Vol. 34, 2002, pp. 495 – 518.

市层面的低授权性和公共治理的“易私有化性”均提升了内部沟通的有效性并强化社会资本的积累；二是可以通过拓展会员城市之间的互动网络和参与渠道的方式进一步提升网络整体性社会资本。通过定期举办会员城市之间的交流活动，如 CCP 市长峰会、CCP 专题会议、定期性研讨培训班、最优实践交流会、CCP 网络最优实践数据库等，CCP 促进了会员城间网络互动的常规化和机制化，从而提升了会员城市之间的信任水平和互惠规范，稳定了成员之间的关系网络，增强了网络的内外部社会资本的积累。总之，这种社会资本的双重性增强了气候公共产品供给的高效性，跨国城市网络可以成为城市层面社会资本的“倍增器”，网络在城市层面这一较小规模行为体成功表现的基础上，通过更复杂的制度安排来解决全球范围内的气候公共产品供给问题。①

第二，跨国城市网络促进了规范的网络性扩散，体现了社会资本网络化过程中的规范性力量，从而提升了气候公共产品供给的合法性和有效性。CCP 作为一种规范扩散推动者（Normative Pusher），其功能主要表现在：首先是构建新的规范，并且推动网络内部的学习机制，提升网络的“合规范”行动能力。CCP 并非仅仅提供各种最优实践的信息，更为重要的是通过网络帮助很多城市重新界定和诠释了先前对于气候变化的认识和考虑。② 可以说，CCP 项目已经成为一种规范性资源，地方权威依赖于此资源，从而推进一种特殊的地方能源与环境政策话语，使全球气候议题得以真正地方化。其次是影响外部行为体，争取更高的合法性，如动员国家这一潜在的规范领导者对“适当性准则”予以支持，并采用这些标准来推进新规范的认同扩散和施行最大化。CCP 不仅是技术信息和最优实践的来源，还为各级政府的环境责任以及不同议程之间相关联的绿色话语提供了灵感、认同和合法性。

第三，通过社会资本的软性约束来规范会员城市的行为，从而强化

---

① ［美］埃莉诺·奥斯特罗姆，余逊达、陈旭东译：《公共事务的治理之道：集体行动制度的演进》，上海三联书店 2000 年版，第 283 页。

② 参见 Michele M. Betsill and Harriet Bulkeley，“Transnational Networks and Global Environmental Governance：The Cities for Climate Protection Program”，*International Studies Quarterly*，48：2，2004，pp. 471 – 493。

气候公共产品供给上的相互激励和监督机制。组织内部成员持续的参与和互动能够抑制成员的投机行为，因为在以信任、互惠规范和关系网络等形式存在的社会资本的引导下，违反者将面临来自于组织内成员的压力和社会排斥。[①] 这种社会资本的软性规范力主要体现在基准设立和内部监督方面。CCP 注重设定治理基准并积极协助其会员制定地方温室气体减量的行动策略，如编制排放目录、设定减排目标、制定行动计划、推进执行政策和监测进展情况。具体而言，CCP 协助城市核算温室气体和制定减排方案，特别是提供如何计算温室气体排放量、设立减排目标、降低温室气体排放与监控的标准化方法。值得一提的是，2009 年 CCP 开发了里程碑式的减排框架和城市温室气体清单核算软件——清洁大气与气候保护系统（CACP），取代之前政府间气候变化专门委员会（IPCC）所设定的国家排放清单方法。[②] CACP 方法体系受到国际上的广泛认可，已有 69 个国家的 1048 个城市采用该方法编制了城市温室气体清单。[③] 另外，CCP 还出台了一系列行动列表，如“十步骤”，测量目录（Catalogue of Measures）和气候联盟指标（Climate Alliance Indicators）。基于此，地方气候保护行动可以被量化、被监督，从而增强地区层面的执行力度。

如图 2—3 所示，为了测量跨国城市内部的激励政策和监督政策，学者瑞秋·克劳斯对美国 129 个加入 CCP 的会员城市以及 111 个未加入任何跨国城市网络的城市进行了调查研究，发现在多种温室气体减排行动，如温室气体减排目标的采纳、温室气体排放目录的编制、气候保护被纳入市政预算、城市可再生能源的使用、新建筑节能标准的采纳、对于居民/开发商能效激励政策等气候公共产品供给方面，CCP 会员城市

① 吴光芸、杨龙：“超越集体行动的困境：社会资本与制度分析”，《东南学术》2006 年第 3 期，第 11—16 页。

② 在输入能源利用、交通状况、固体废弃物处置等数据后，可直接得到温室气体排放总量。CACP Software 2009，http：//www. icleiusa. org/tools/cacp – 2009 （accessed on 17 March 2012）。

③ ICLEI，*Local Government Operations Protocol for the Quantification and Reporting of Greenhouse Gas Emissions Inventories*，2008 Report.

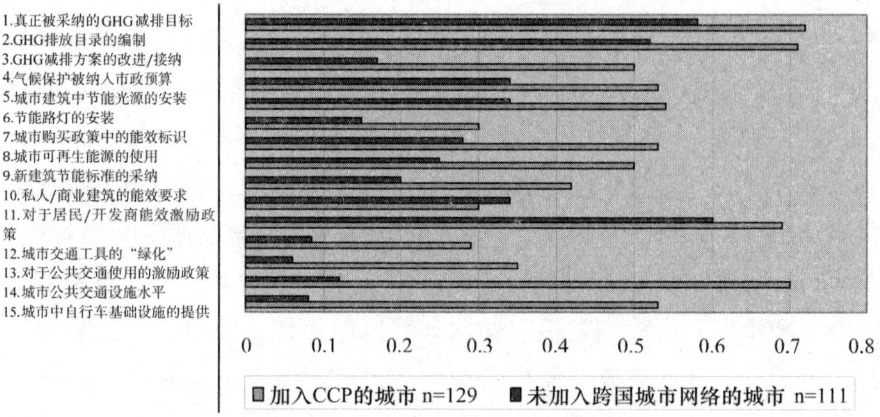

图 2—3　CCP 会员城市和未加入跨国城市网络的城市在温室气体减排行动上的比较

资料来源：Rachel M. Krause (2012), p. 589.

的表现要明显优于未加入跨国城市网络的城市。①

综上所述，在全球气候治理中，聚合了地方层面力量的跨国城市网络发挥了越来越重要的作用，该网络的形成超越了传统意义上垂直性全球多层治理模式，为克服气候政治中的"集体行动困境"提供了一种新的横向网络治理结构。本章从"自主治理"的独特理论视角来探析跨国城市网络在全球气候公共产品供给中的行动逻辑。在讨论气候国际公共物品供给时，一个极为重要的问题便是研究在大国协调和外部正负激励因素缺失的情况下，网络如何通过自主治理的逻辑来推动合作联盟的扩大并协调彼此的合作行动，这涉及到新制度的供给、承诺的可信性和相互监督三个问题。自主组织理论通过多中心治理模型和社会资本的网络化两种逻辑路径诠释了地方行为体对于"集体行动困境"的超越以及对于集体公益的贡献。在一种多中心治理模式下，人们能够不断沟通、相互交往，那么他们就有可能知道谁是值得信任的，以及他们的行为将会对其他人产生什么影响，从而有了共同的行为准则和互惠的处事

---

① Rachel M. Krause, "An Assessment of the Impact that Participation in Local Climate Networks Has on Cities' Implementation of Climate, Energy, and Transportation Policies", *Review of Policy Research*, 29: 5, 2012, pp. 585 - 604.

模式，有助于新制度和创新政策的推出。值得一提的是，创新政策在较小治理领域的善治可以通过多中心网络平台进一步在更广的范围内得以推广，从而实现“善治倍增效应”。同时，多中心治理模式又进一步推动了社会资本网络化的强化，社会资本所蕴涵的信任与互惠规范能够解决组织成员之间的承诺与监督问题，从而更好地解决集体行动问题。许多地方性自主治理规则本身既增强了组织成员进行相互监督的积极性，又使监督成本变得很低。监督成了人们实施规则，进行自主治理的副产品，因为不必付出太多额外成本。基于对城市气候保护网络的案例分析，我们可以看出，以 CCP 为代表的跨国城市网络主要通过多中心治理（低授权性、高包容性、公共产品易私有化性、网络杠杆性）和社会资本网络化（高社会资本性、网络知识共同体、内部基准治理）实现了外部强制力缺失的情况下网络内部的有效激励、可信承诺和相互监督；同时，促进了网络合作联盟的不断扩大，为气候治理公共产品的持续供给提供新的动力，在塑造一种多中心国际治理秩序的过程中成为全球气候治理中不可或缺的水平网状治理纬度。

第三章　城市在中美人文交流中的机制*

袁　琳** 熊　炜***

[**本章导读**] 中美关系相互依赖，双边交往呈现出全方位、多领域和多层次的特点。人文交流是中美交往的重要方面。中美友好城市伙伴关系为中美人文交流增添了大量实质内容，加深了中美两国人民的理解与支持，有助于夯实中美关系发展的社会基础。本研究借鉴城市政治研究中的机制理论视角，对比中美两国城市参与中美人文交流的机制能力，重点探讨中美城市参与中美人文交流的机制框架，以及城市参与中美人文交流的机制运行所面临的问题和挑战。

美国是当今世界最重要的发达国家，中国是世界上最大的发展中国家，中美关系是世界上最重要的双边关系之一，中美之间的交往影响着世界。中美关系相互依赖，双边交往呈现出全方位、多领域和多层次的特点，其中人文交流是中美交往的重要方面。人文交流主要包括教育、科技、文化、体育、妇女、青年、宗教等方面的内容。2009 年 4 月，刘延东国务委员访美时，在与希拉里国务卿会晤时提出扩大中美人文交流和建立高层磋商机制的建议，得到了美方的积极回应。2009 年 11 月，美国总统奥巴马访华期间与中国国家主席胡锦涛就加强两国人文交

* 本章内容是教育部—北京大学中美人文交流研究基地课题研究成果。

** 袁琳，外交学院外交学硕士研究生。

*** 熊炜，外交学院外交学与外事管理系教授、公共外交研究中心研究员。

流达成重要共识，两国政府同意就此建立一个新的双边机制。2010 年 5 月 25 日，中美人文交流高层磋商机制在北京正式建立并同时举行第一次会议。中美人文交流高层磋商机制是以教育、科技、文化、体育、妇女、青年为主要交流领域的一个全新的高层磋商机制。机制的建立，将进一步深化中美人文交流与合作，有助于为两国关系长期稳定发展奠定坚实的基础。

作为次国家行为体，城市对中美关系的发展起着重要的作用。中美友好城市伙伴关系为中美人文交流增添了大量实质内容，加深了中美两国人民的理解与支持，有助于夯实中美关系发展的社会基础，因此研究城市在中美两国的人文交流当中的作用具有极其重要的意义。

中美两国城市参与双边人文交流的结构性条件不同，各自受到的限制和具有的机遇有很大区别，因此中美两国城市在中美人文交流中所发挥的作用和动力机制也不一样。本章拟借鉴城市政治研究中的机制理论视角，对比中美两国城市参与中美人文交流的机制能力，重点探讨下述问题：中美城市是在哪些机制框架下参与中美人文交流？城市参与中美人文交流的机制运行都有哪些问题或将面临何种挑战？中美两国城市参与中美人文交流的机制能力差异对中美人文交流具有什么样的影响？

一、城市与中美人文交流

在冷战结束和苏联解体之后，国际局势风云变幻。经过 20 多年的发展，全球虽然涌现出多个力量中心，但美国仍然是当今世界唯一的超级大国，在国际事务及重要的国际组织中有着极大的发言权。作为世界上最大的发展中国家，中国在改革开放之后综合国力迅速提升，国际地位得到极大提高，在地区及国际事务中发挥着越来越重要的作用。回顾 1949 年中华人民共和国成立之后的历史，中美关系的发展并非一帆风顺，而是历经坎坷，充满曲折。从 1949 年至 60 年代末，中美一直处于冷战对立的状态，美国对中国实行政治上孤立、经济上封锁、军事上包围的政策，双方鲜有交流。直到1971年的“乒乓外交”才打开了中美两国交往的大门，促成了历史性的转折，为推动中美建交发挥了举足轻重的作用。[①] 之后的基辛格秘密访华以及1972年尼克松总统的访华都为中美正式建交做好了准备工作。1979年1月1日中美正式建交之后，双方交往频繁，双边关系开始全面发展。[②] 尽管中美关系在交往过程中经历过短暂的低潮期，但并未影响双边关系发展的全局。进入21世纪之后，随着全球化的不断深化和发展，中美交往更加密切，交往的内容也更加丰富，双方在重要国际事务上互相协商，并且互为对方重要的贸易伙伴。

国之交在于民相亲，21世纪中美关系的基础是人文交流。当今世界日益成为一个相互依存的整体，没有国家能不与其他国家交流而独自发展，许多地区热点问题和全球性事务也需要国家之间的通力合作才能解决。人文交流是除政治、经济、安全等之外两国蓬勃发展的新的交流领域，可以有效地增进中美人民之间的理解与支持，为夯实中美长期稳定健康发展的关系奠定了社会和民意基础。在中美人文交流的行为体方面，除了两国政府间的交往以及得到政府授权或委托的机构和人员进行的人文交流活动外，作为次国家行为体的城市也是两国人文交流中不可忽视的重要行为体。两国的城市主要通过缔结友好关系的方式在人文领域展开交流与合作。城市间的友好往来为政府间的人文交流与合作奠定了基石，为中美关系增添了新的活力。

（一）人文交流的含义与主要特点

中美关系正常化之后，两国的交往呈现出全方位、多领域和多层次的特点。双方除了在政治、经济等传统交往领域互动频繁外，也注重包括文化、教育、体育、科技等在内的人文交流。“人文”一词在汉语中古已有之，其最早出现于《易经》：“刚柔交错，天文也。文明以止，

---

① 郝橙：“‘乒乓外交’：小球推动大球”，《文史参考》2011年第12期，第82页。

② 谢益显等：《中国近现代外交史（1949—2009）》，中国青年出版社2009年版，第301页。

人文也。观乎天文，以察时变；观乎人文，以化成天下”。[①] 宋代程颐《伊川易传》卷二释作：“天文，天之理也；人文，人之道也。天文，谓日月星辰之错列，寒暑阴阳之代变，观其运行，以察四时之速改也。人文，人理之伦序，观人文以教化天下，天下成其礼俗，乃圣人之道也。”[②] 由此可知，古人认为人文是与文明及道德密切相关的。《辞海》对“人文”一词的注释是人类社会的各种文化现象。[③] 随着时代的发展，“人文”一词的外延得到扩大，除了指道德文化现象外，还包含科技、文化、宗教、体育等现象。不管其意义如何改变，其与古代意义相比，核心概念都是一样的，都是指重视人的文化。“交流”一词主要是在鸦片战争后随着西方文化的大规模涌入而逐渐产生的。《现代汉语规范词典》对其的解释为：“同时流淌（涕泪）；相互沟通（信息等）。”[④] 所以，“人文交流”可以理解为以人为载体的不同社会群体之间在文化上的沟通与交换，其内容主要包括教育、科技、文化、体育、妇女、青年、艺术和宗教等方面，且其交往是双向的，强调双方之间的互动交流。人文交流虽然与人民外交、民间外交在很大程度上有相似之处，但其目标更宏大、范围更广泛，是对中国特色民间外交和人民外交的继承和发展，更注重对外交流中的非官方因素。[⑤]

人文交流作为 21 世纪以来国家间交往的重要内容，有如下几个特点：

第一，主体的广泛性。外交是指以主权国家为主体，通过正式代表国家的机构与人员的官方行为，使用交涉、谈判和其他和平方式对外行使主权，用以处理国家关系和参与国际事务，是一国维护本国利益及实施其对外政策的重要手段。[⑥] 从这个定义可知，只有那些具有合法代表身份的人员或者得到国家授权或委托的机构所从事的对外交往活动才可

---

① 黄寿祺、张善文：《周易译注》，上海古籍出版社 2007 年版，第 155 页。

② 程颐、程颢：《二程集》，中华书局 1981 年版，第 89 页。

③ 陈至立等：《辞海》，上海辞书出版社 2011 年版，第 1124 页。

④ 许嘉璐、李行健：《现代汉语规范词典》，外语教学与研究出版社 2011 年版，第 656 页。

⑤ 赵可金：“人文外交：全球化时代的新时代形态”，《外交评论》2011 年第 6 期，第 79 页。

⑥ 鲁毅等：《外交学概论》，世界知识出版社 2011 年版，第 5 页。

被视为外交。人文交流的主体相对外交而言更加广泛，它不仅包括受一国政府直接或间接影响的机构和人员，还包括自主从事对外交流活动的民间机构和人员，诸如民间的教育机构、学术团体、文化机构、宗教组织、基金会等，他们所从事的旨在通过传播本国文化、思想理念、科技成果等方面的内容以加深人民间的理解与支持的活动都可被视为人文交流。他们可以通过自发组织的具有积极意义的活动成为国与国之间人文交流的载体，以民促官，通过民间的互动为正式的官方交往奠定基石。

第二，方式的灵活性。人文交流形式多样，涵盖多个交流层次和交流领域，更加强调贴近群众、贴近生活、贴近实际，更加符合人际交往准则和文化规范。交往的形式和方式多种多样，不必拘泥于外交礼仪、国际惯例等，只要不违背交往国家的法律制度和风俗习惯，以及有利于不同人文体系间的交流和沟通即可。人文交流是在人文领域开展的外事交流活动，通过开展各种交流活动促进不同国家人民之间的沟通和交流，增进情感，加强理解，间接使交往国家形成有利于本国的社会舆论氛围，最终达到形成有利于本国交往与发展的国际环境的目的。

第三，效果的持久性。人文交流是一个缓慢而持久的过程，不同国家的人民需要通过长期的各方面交流和沟通才有可能相互了解，但是对对方的良好印象一旦形成便轻易不会改变，将会在一国的对外政策中发挥长久的作用。当今世界由 200 多个国家组成，每个国家都有自己独特的发展道路、社会政治制度、文化传统和风土人情等，在国家的发展过程中，人民也会形成相对习惯的思维模式、思想观念等。这些差异都需要不同国家和民族之间加强沟通和交流，努力使对方理解自身，而不是将自己的意识形态和思维模式强加于人。不同国家的人民之间只有相互了解，才能消除误解，消弭冲突，共同构建一个和谐的世界。

第四，目的的明确性。人文交流与外交在本质上落脚点是一致的，都是为了影响和争取人民。① 从这个意义上说，人文交流其实是一种手段，通过形式多样的人文领域交往活动来吸引和引导外国公众，使他们

① 中华人民共和国外交部等编：《周恩来外交文选》，中央文献出版社 1990 年版，第 82 页。

对本国的政策、措施有所了解，进而逐渐理解甚至是支持相关政策措施，最终达到营造有利于本国发展的外部环境，巩固和扩大本国国家利益，提升国家软实力的目的。因此，国家间的人文交流远非人文领域的交流与对话，其本质上是为一国塑造良好的国际形象，获取国际舆论的理解和支持服务的，是为了渐进地实现国家文明推广战略。

（二）中美关系中的人文交流

1. 建交前的中美人文交流

1949 年成立的中华人民共和国百废待兴，内外交困，国家风雨飘摇。内有国民党残余部队兴风作浪，外有以美国为首的西方阵营的敌视和威胁，他们对中华人民共和国采取政治上敌视、经济上封锁、军事上包围的政策，形势极为严峻。中华人民共和国为了维护来之不易的革命果实，巩固新生的人民政权，采取了“一边倒”的外交政策，坚定地站在了以苏联为首的社会主义阵营一边。① 1950 年朝鲜战争爆发后，随着中国人民志愿军以“抗美援朝，保家卫国”的口号跨过鸭绿江与朝鲜人民并肩作战，中美两国产生了正面的冲突。总的来说，从中华人民共和国成立至 20 世纪 60 年代末，中美两国始终处于对立甚至敌对的状态，在政治、经济上几乎没有交往，两国间连正常的沟通渠道都难以建立和维系，人文交流更是没有起步。到了 20 世纪 60 年代末，随着国际形势的发展和变化，中美两国出于各自国家利益和国家整体战略的考虑，开始接近。中美两国人文交流的起始点是 1971 年 3 月 28 日在日本名古屋举办的第 31 届世界乒乓球锦标赛，两国运动员进行了友好的互动。1971 年 4 月 10 日，美国乒乓球队应邀访华，成为第一批进入中国的美国人，且在人民大会堂受到了周恩来总理的亲切接见。② 乒乓球作为一项体育运动，有力地推动了中美两国关系的改善，打开了两国交往的大门，更是引起了世界格局的重大改变，乒乓当之无愧地成为中美两

① 谢益显等：《中国近现代外交史（1949—2009）》，中国青年出版社 2009 年版，第 33 页。

② 郝橙：“‘乒乓外交’：小球推动大球”，《文史参考》2011 年第 12 期，第82 页。

国人文交流开始的标志。受到“乒乓外交”的影响，美国耶鲁大学植物生理学家亚瑟·高尔斯顿教授和麻省理工学院微生物学家伊桑·西格纳教授申请在访问越南民主共和国后访华，他们的申请得到了毛主席和周总理的亲自批准。1971 年 5 月 10 日，两位学者共同访华，先后访问了北京、上海、杭州和广州，且在人民大会堂受到了周总理和人大常委会副委员长、中国科学院院长郭沫若的接见。① 两位教授作为中华人民共和国成立以来首批来华进行学术交流的美国学者，为中美两国的科技交流奠定了基础。他们的成功访华在美国国内产生巨大影响，美国新闻界称之为“第二轮乒乓外交”。② 1972 年尼克松总统访华后，中美双方在共同发表的《上海公报》中表示“要为发展两国间的科学、技术、文化、体育和新闻等方面的联系和交流提供便利”。③ 在此之后，中美文化交流开始逐渐展开，如沈阳杂技团成为中国首批踏上美国土地的文化传播者，著名的美国费城交响乐团也于 1973 年访华。④ 这些文化交往活动让中美两国人民有机会亲眼见识和亲身体验对方的文化，为相互间加深了解提供了可能。

2. 建交后的中美人文交流

1979 年 1 月 1 日中美正式建交后，双边关系翻开了新的篇章，向着好的方向不断迈进，尽管在此期间双边关系也面临过波折和挑战，经历过低潮期，但都未能动摇中美关系发展的大局。随着双方政治互信的不断加强，经贸合作的飞速发展，人文领域的交流与合作也开始焕发出勃勃生机。两国的人文交流主要体现在文化、教育、科技、体育、妇女和青年这六个方面。在两国关系正常化之前，尽管双方人民都对对方充满好奇，渴望沟通和交流，但由于各种因素的影响，并未能如愿。1979 年之后，双方在官方和民间两个层次的人文交流都蓬勃发展起来。

---

① 李明德：“中美科技交流与合作的历史回顾”，《美国研究》1997 年第 2 期，第 144 页。

② 同上。

③ 谢益显等：《中国近现代外交史（1949—2009）》，中国青年出版社 2009 年版，第 230 页。

④ 中美人文交流研究基地：《雁过留声——中美人文交流的记忆》，北京大学出版社 2012 年版，第 135 页。

（1）文化交流与合作

1979年1月，中美正式建交后便签署了《中美文化交流协定》，作为两国文化交流与合作的纲领性文件，为官方和民间的文化往来提供了保障。同年，中国琵琶大师刘德海与美国波士顿交响乐团在中国同台合作演绎了《琵琶协奏曲》，获得圆满成功，之后刘德海大师与钢琴家刘诗昆共同受邀赴美演出，完成了中美文化交流史上的首次互访。从80年代开始，中美文化交流陆续频繁展开。1980年8月北京京剧院一行74人受邀赴美演出，展示中国的京剧文化，成为第一个访问美国的大型京剧团。[①] 与此同时，两国的文学作品开始受到对方关注，由此改编的戏剧和电影也在对方国家上演。例如，美国喜剧《哗变》《推销员之死》在中国上演，受到观众热捧；中国电影《老井》和《红高粱》也登上了美国大银幕，好评如潮。90年代初期，中美关系出现不小的波折，文化交流也曾一度停滞，但之后在双方的共同努力下重回正轨。1997年江泽民主席对美国的国事访问使得中美文化交流在深度和广度上得到拓展，呈现出更加活跃的局面。2000年，中国在美国举办了规模最大、范围最广、时间最长的文化交流活动——“中华文化美国行”。[②] 进入21世纪以来，中美两国文化交流的领域不断扩大，涉及文学、艺术、新闻、广播、电影、电视、图书、文物、档案、园林等。[③] 这些活动快速而有效地将中华文化传播到美国，让更多的美国人民得以感受到中华文化的独特魅力，夯实了两国关系长期健康稳定发展的社会和民意基础。

（2）教育交流与合作

教育一直是受到两国领导人重视的交往领域。中美两国在教育方面共签署过三个纲领性文件，即1985年的《中华人民共和国政府和美利坚合众国政府教育交流合作议定书》、2000年的《中华人民共和国政府和美利坚合众国政府教育交流合作协定》及2006年的《关于进一步扩

---

① 谢益显等：《中国近现代外交史（1949—2009）》，中国青年出版社2009年版，第289页。

② http：//news. xinhuanet. com/zonghe/2002－02/19/content_ 281803. html，2015年2月6日访问。

③ 熊志勇：《中美关系60年》，人民出版社2009年版，第244页。

大教育合作与交流的谅解备忘录》。这些协定的签署与执行在不同时期都大大促进了中美教育方面的交流与合作。中美两国人文交流的快步发展离不开双方之间的教育交流与合作，而留学生又是双方教育交流重要的组成部分。据不完全统计，从1978年中美建交至今，中国前往美国的留学总人数超过30万。为鼓励更多美国学生来华学习交流，奥巴马总统2009年提出了在4年内完成的“十万人留学中国计划”。[①] 富布莱特项目（Fulbright Program）是中美两国政府间最重要的教育交流项目之一，但目前两国该项目的交流领域仅限于社会科学和人文科学。[②] 自1979年该项目开始实施以来，两国的教育界人士与各领域的学者互访频繁，相互学习，取长补短。孔子学院在美国的设立有力地推动了中华文化及汉语在美国的传播与推广。截至2014年底，美国在48个州共设立了81所孔子学院和299个孔子课堂。[③] 随着中美关系的日益密切，美国政府对汉语也愈加重视，在大中小学都开设了汉语课程。这些教育交流活动都为彼此间的理解和双边关系的进一步发展做出了贡献。

（3）科技交流与合作

1979年邓小平在访美期间与美国总统卡特签署的《中美科技合作协定》开启了两国科技交流与合作的开端。1979年初，中美两国设立了中美科技合作联合委员会，作为专门的对话渠道来指导中美间的科技交流与合作。截至目前，中美科技合作联合委员会共召开了14次会议，促成了大量议定书的签订和项目的合作。[④] 科技方面的交流一直受到两国领导人的高度关注与重视，两国在空间利用、能源开发、环境保护、核技术、提升空气质量、卫生、药品、地震监测等方面都签署了相关协定。在国家层面的科技交往中，比较显著的有中国科学院物理所与美国橡树岭国家实验室共同组建的“量子物理实验室”、超级节能无氟电冰

① 顾宁：“1972年至1992年的中美人文交流、回顾与思考”，《世界历史》1995年第3期，第26页。

② 胡礼忠：“富布莱特项目与中美教育交流”，《国际观察》2000年第5期，第47页。

③ http：//news. xinhuanet. com/society/2012 - 04/13/c_ 111776989. html，2015年2月8日访问。

④ 熊志勇：《中美关系60年》，人民出版社2009年版，第241页。

箱的生产等。[①] 中美两国科技交流与合作的成果惠及了中国的经济发展，如海上石油的开采及民用客机的生产。[②] 除了政府间的科技交流与合作发展势头良好外，两国民间的科研机构、公司企业等也建立了多样化的科技交流与合作关系。以李政道、杨振宁、丁肇中等为代表的美籍华人科学家频繁组织科技交流活动，为中国科研能力的提升做出了贡献。中国的科学家在交往中得以接触到世界上最先进的理论与科研方法，在与美国科研工作者的交往中，自身的科研水平也得到提高。

（4）体育交流与合作

体育交流在20世纪70年代初中美关系的缓和中发挥了举足轻重的作用。虽然“乒乓外交”距离现在已过去了40余年，但中美之间的体育交流与合作并没有止步。2006年6月，两国签署了《中美奥委会体育交流备忘录》，决定每两年派高级别体育代表团互访，交流经验，并加强在教练、裁判、体育科学与药物等方面的合作。[③] 2008年时任美国总统的小布什参加了北京奥运会开幕式，并观看了奥运会男子篮球中国对美国的比赛。2012年时任国家副主席的习近平访美，并观看了洛杉矶湖人队对菲尼克斯太阳队的比赛。姚明作为优秀的中国篮球运动员，在NBA打球时充分展现了勤奋、低调的品格，赢得了大批美国球迷的心。美国球员马布里加入北京男篮后，也凭借自身的优秀表现受到广大中国球迷的喜爱。中国的太极和武术作为强身健体的项目受到许多美国民众的欢迎。就中美人文交流的6个主要方面来说，体育是加强人民之间的理解与支持、增进友谊的一条重要渠道，且往往效果显著。

（5）妇女交流与合作

中美妇女交流相对于中美人文交流的其他领域来说起步较晚，直到20世纪90年代初才开始有所发展。80年代末90年代初，苏联解体，东欧剧变，美国成为世界上唯一的超级大国。1989年春夏之交的政治风波发生后，以美国为首的西方国家对中国采取严厉的制裁措施，双边

---

① “白宫科技顾问认为美中科技合作基础良好”，《人民日报》2001年12月17日，第3版。

② 熊志勇：《中美关系60年》，人民出版社2009年版，第243页。

③ http://edu.people.com.cn/GB/1053/18027323.html，2015年2月8日访问。

关系僵化。1990年全国妇联在北京举办了首届中美妇女问题研讨会，此次会议不仅加强了两国对妇女问题的研究和交流，且为正处在冰冻期的中美关系打开了突破口。[①] 1998年陪同克林顿总统访华期间，美国第一夫人希拉里参观了中国第一家女性法律援助公益性民间组织，并与中国的妇女代表展开了深入的对话与交流。[②] 进入21世纪之后，全国妇联和美国国务院全球妇女事务办公室作为中美两国主要负责妇女事务的机构，在多个合作领域达成共识。中美两国妇女代表在"发展中的女性领导者高级研究班""农村妇女与可持续发展""妇女与慈善"等国际论坛上都进行了有效的交流与探讨。[③] 作为中美人文交流的重要一环，妇女交流以其特有的亲和力对中美交往起到了很好的推动作用。

（6）青年交流与合作

中美两国在各个领域都注重青年间的交流。"中美青年科技人员交流计划"是两国为鼓励青年科技人才进行交流而专门设立的平台，其主要内容是安排美国研究生在假期赴华与中国的青年研究人员共同开展研究工作，交换想法。教育领域的"中美青年联合教育实践"项目旨在联合中美两国的优秀青年赴中国的欠发达地区进行支教，丰富当地的教育资源。文化方面的活动更是多种多样，如两国定期举办"中美青少年文化艺术交流节"和"中美青少年国际艺术交流展演"等活动，为两国青年提供文化交流的舞台，相互借鉴，取长补短。体育方面有篮球、高尔夫、足球等一系列交流赛事，使中美两国青年可以互相切磋、互相了解。[④] 在未来，两国将更加重视和鼓励青年政治家和青年学生领袖之间的交流。青年是国家之栋梁、未来之希望，青年之间的互动和交流无疑将加深中美两国交往的基础。

在中美两国正式建交之前，两国的人文交流活动开展甚少，对中美

---

① 张迪："改革开放30年中国妇女民间外交回顾"，《当代世界》2009年第2期，第59页。

② 郑红："改革开放以来的中国妇女民间外交"，《新远见》2012年第5期，第45页。

③ http：//www. women. org. cn/allnews/25/19928. html，2015年2月9日访问。

④ 王明国："中国青年交流的现状、问题和对策"，《现代国际关系》2013年第7期，第23页。

关系的影响也较小，直到 1979 年两国正式建立外交关系后，人文交流才逐渐得到政府的重视，并开始真正蓬勃发展起来。文化、教育、科技、体育、妇女和青年是两国人文交流与合作的主要发展领域，并且在这些领域都硕果累累。中美两国的人文交流可以促进两个不同文明之间的相互学习，推动社会发展进程；可以消除彼此的误解，增进民众的了解与友谊；可以通过民间的往来为官方的交往奠定坚实基础；可以为构建中美战略伙伴关系以及新型大国关系添砖加瓦。

（三）城市与中美人文交流

美国学者乔尔·科特金曾说："如果说上海、广州、北京和其他数十座城市鳞次栉比的摩天大楼和新的房地产开发能够代表晚近现代化的话，中国的城市传统且深厚的根基也不可小觑。她有别于欧洲和美洲城市建设的历史传统可以追溯到 4000 年前，其延续性在这个地球上任何一个文明都无法与之媲美。"[①] 在中美人文交流的行为体方面，除受中央政府授权或委托的机构和人员以及自发从事交流活动的各种民间组织和企业外，城市作为当今国内及国际活动中非常重要的次国家行为体，也是中美人文交流中不可忽视的重要力量。

1. 城市的含义

在中国古代，"城"和"市"作为两个独立的字，有其各自的意思，多被拆分开使用。"城""邑""都""郡"等词都有城市之意，多用来特指行政区划与军事要塞，但不同的语言环境所侧重表达的含义又各不相同。如《战国策·中山策》中有："百姓心离，城不修，既无良臣，又无守备。"在这句话中，"城"侧重于表达城墙之意。在《廉颇蔺相如列传》中有："秦王以十五城请易寡人之璧，可予不?"这句话中，"城"则侧重于表达由城墙所围起来的那个特定的地理和空间之意。在《周礼·司市》中有："大市日昃而市，百族为主；朝市朝时而市，商贾为主；夕市夕时而市，贩夫贩妇为主。"这里的"市"特指交

① Joel Kotkin, *The City: A Global History* (London: Modern Library Press, 2005), p. 45.

易买卖之所。[①] 随着时代的发展，在当今全球化的背景下，城市的概念相对复杂得多，城市不再是一个传统国家中内在地理空间上的概念，而是同时兼具了国际间不同政治、经济、文化、社会主体交流的纽带角色。[②] 城市作为一个行为体，在国家交往中所发挥的作用日益重要。

2. 中美两国的城市化

美国的城市化进程大致可以分为两个阶段：20 世纪 20 年代的传统城市化和 20 世纪八九十年代的新型城市化。传统城市化主要表现为人口和经济活动中心由乡村转移到城市；城市发展迅猛，乡村则相对落后，城乡差距明显；中心城区是工商业中心，郊区则是居住中心。新型城市化的显著特点则是发展中心由高度分布于城区中心到相对分散。[③] 中国的城市化受国家大政方针的影响很大，大致可以以改革开放为节点分为两个阶段。改革开放之前，经过近 30 年的发展，中国的城市化率还不足 20%，总体上是随着经济的发展曲折前进。改革开放开始实施后，随着社会的逐步稳定以及经济的快速发展，城市化进程稳步加快。[④] 1992 年中共十四大决定建设社会主义市场经济体制之后，城市人口迅速增加，城市化势头强劲，但城市化带来的一个重要问题就是城乡差距过大。中国当前的城市化率已超过 50%，若以城市化率达到 70% 作为基本实现城市化的标准来计算，中国大约在 2039 年基本实现城市化。[⑤]

3. 城市参与中美人文交流的主要方式

随着全球化、社会信息化和城市化的深入发展，中美间的政治交往更加频繁，经济联系更加密切，相互依赖程度逐渐加深，国家间交往的内容也从国家安全等高政治领域向低政治领域的文化、体育、教育等人文领域扩展。美国是当今国际社会中综合国力最为强大的国家，中国是

---

① 牛凤瑞：《城市学概论》，中国社会科学出版社 2008 年版，第 4 页。

② Andrew Kirby & Salli Marston, *World Cities and Global Communities: the Municipal Foreign Policy Movement and New Roles for Cities* (Cambridge: Cambridge University Press, 2003), pp. 12 – 15.

③ 王旭："20 世纪中期以来世界城市化转型及其理论意义"，《城市科学与城市学》2012 年第 12 期，第 34 页。

④ 牛凤瑞：《城市学概论》，中国社会科学出版社 2008 年版，第 175 页。

⑤ 同上，第 176 页。

最大的发展中国家且发展潜力巨大，两国城市之间的交往尤为重要。作为重要的次国家行为体，城市参与中美人文交流的形式和渠道主要是先建立友好城市，再开展一系列交流活动。

国际友好城市又被称为姐妹城市（Twin Cities），产生于20世纪50年代，主要兴起于二战之后的欧洲。它指一国的城市（或省州、郡县）与另一国相对应的城市（或省州、郡县）以维护世界和平、增进相互友谊、促进共同发展为目的，在签署正式友城协议书后，双方城市积极开展在政治、经济、科技、教育、文化、体育、青少年交流等领域的交流与合作。这种正式、综合、长期的交往关系被称为友好城市关系。中国从1973年才开始与外国缔结友好城市，与美国缔结友好城市则起步更晚。中美建交后，1979年10月30日湖北省和俄亥俄州结为中美第一对友好省州。三天后的11月2日，南京市与圣路易斯市结为中美第一对友好城市。[①] 从1979年中美建交到1981年是友城缔结的摸索阶段。两国互相都处于考察和了解时期，双方在三年内总共只缔结了七对友好城市（省州）。结好后，双方由于不了解，交流也不多，且结对城市多是北京、上海、广州这样发展较为成熟的城市。1982年至1999年是友城缔结的发展阶段。两国经过前一段时间的摸索和了解，对对方都有了一定的认知。在这18年中，中美共缔结了123对友好城市（省州）。[②] 结好的城市（省州）不仅在数量上实现了大规模增长，也不再局限于大城市和沿海城市。双方交往的质量也有了很大提升，主要在经贸、文化、农业等方面进行交流和互动。在此期间，第一次全国友好城市大会于1983年召开。此举反映友好城市的交往得到国家的高度关注，标志着中国的国际友好城市交往开始向着制度化、规范化的方向发展。从21世纪至今是两国友城缔结的成熟阶段。随着全球化的深入发展和中国综合国力及国际地位的迅速提升，中美之间的交往更加密切，友好城市的数量更是稳定有序地增长。友好城市在数量和交流质量上都有了质

---

① 蒋健鸣："中美间第一对友好城市：南京—圣路易斯"，《改革与开放》1999年第10期，第32页。

② http：//www. cifca. org. cn/Web/WordGuanXiBiao. aspx，2015年2月13日访问。

的飞跃，双方更是建立了诸如中美市长峰会、中美省州长论坛等机制来保证友城间的顺利交往。截至2014年9月，中美共建立了245对友好城市（包括44对友好省州和201对姐妹城市）。[①] 这些城市的往来在很大程度上加深了两国人民的理解与支持，夯实了中美政府间交往的基础。

截至2017年12月25日，根据中国国际友好城市联合会数据，中国与美国之间的友好城市关系数量共计266对，其中有49对友好省州关系，217对友好城市关系。中国是世界上与美国建立友好城市数量最多的国家，美国也是与中国友城结好数量最多的国家。从1979年建立友好城市关系至今，中美两国建立友好城市的活动从未间断，最少的年份结好2对，最多的年份结好18对，平均每年结好约6对。

二、城市参与中美人文交流的机制

（一）城市政治研究的机制理论

在中文语境中，机制语出清代丘逢甲的《汕头海关歌寄伯瑶》："西人嗜糖嗜其白，贱买赤砂改机制。"机制最初的词义是机器的构造和工作原理，也可指有机体的构造、功能及其相互关系。后来随着时代的发展，机制的词义发生了变化，现在多用来指在正视事物各个部分的存在的前提下，协调各个部分之间关系以更好地发挥作用的具体运行方式。[②] 由此定义可知，机制存在的作用就是协调各部分关系，使之更好地发挥作用。在现代城市政治研究中，以机制为核心来探讨城市相关行为体的相互协调和治理是比较新的研究趋势。机制理论的一个重要突破就是对权力的定义，为权力问题提供了一种新的视角，它不再局限于将

---

① http：//www. cifca. org. cn/Web/WordGuanXiBiao. aspx，2015年2月13日访问。

② 陈至立等：《辞海》，上海辞书出版社2011年版，第764页。

权力仅仅视作社会控制问题，而是转向了一种与社会生产有关的理解方式。[①] 在复杂的城市世界，权力的范式就是使得某些特定利益体能够将其自身能力融合到共同目的的达成中去。

机制理论对于城市权力主要强调三个方面：一是复杂性，二是政府和非政府力量的互动，三是多层次性。这些也为我们理解城市的国际交往活动和中美人文交流提供了理论视角和初步的分析框架。

复杂性主要表现在城市之间为了争取投资而日益增多的竞争、经济利益集团在地方决策中的作用、金融约束的增多、地方分权和政府职能转变、政策结果的难以预料、领导阶层缺乏对大部分过程的积极干预等方面。[②] 在中美人文交流中，复杂性体现在国家作为权威或控制机构的能力上，虽然国家在某些情况下仍然可以强加自己的意志，但国家并非“相互竞争的社会诉求的仲裁人或裁判，而更像是资源的调动者和协调者”。[③]

政府与非政府力量的互动主要表现在政府与非政府行为体的相互协调和合作上。对西方国家的城市而言，在城市权力的影响因素方面最不能忽视的三个关键因素是选举上台的官员、商业界及公民。公民投票民主选举产生的官员自然是城市权力毫无疑问的行使者。一般情况下，商业界无法靠自身达成对其有利的政治目标，需要依靠政府支持，但商业界凭借其对社会福利至关重要的投资决策和对资源的控制，从而在政府决策中占据有利位置。除此之外，一些有组织的利益团体或协会等也是城市权力多层次性的影响因素。机制理论的基础前提是城市决策者有相对的自主权，强调政府和非政府力量在经济和社会挑战下的相互依存，把理论焦点聚集在政府和非政府参与者之间的合作和协调问题上。政府角色的转变主要体现在政府不再担当直接提供者的角色，而主要是起催

---

① David Judge, *Theories of Urban Politics* (Shanghai: Shanghai Century Publishing Group, 2009), p. 71.

② Clarence N. Stone, *Regime Politics: Governing Atlanta*, 1946 – 1988 (Lawrence: University Press of Kansas, 1989), p. 227.

③ Heidi H. Hobbs, *City Hall Goes Abroad: the Foreign Policy of Local Politics* (London: International Educational and Professional Publisher, 1994), p. 47.

化剂的作用，政府组织与非政府组织的工作界限趋向模糊。[①] 在中美人文交流中，中美两国政府所发挥的作用虽然并不相同，但是政府都必须将自身的能力与各种非政府参与者相融合，以使国际交流活动能够最大限度地达到目标。

多层次性是指在全球化的背景下，国家行为体与次国家行为体的权力界限趋向模糊，许多国际事务不再是国家行为体独有的权力范围，次国家行为体可以直接参与其中，也可以通过加入非政府组织来施加影响，这是次国家行为体寻求国际存在的重要途径。[②] 包括城市在内的次国家行为体通常可以从三个方面在外交事务中发挥作用：一是超脱于国家之外，寻求实现自身的政策目标；二是充当非政府间组织实现自身全球战略的大本营，次国家行为体本身也可以间接达到自己的目标；三是次国家行为体的政策或活动可能影响到其他国际行为体的利益，从而成为国际活动争取的目标。在教育、职业培训等领域，次国家行为体往往是关键的行为者，可以转化为国家行为体在这些领域的竞争优势。[③] 在城市参与中美人文交流的活动中，层次性主要体现在国家层面的机制和地方层面的机制相互联动和互为作用方面。

（二）中美人文交流的基本机制

目前，为促进城市参与中美人文交流，中美双方已共同建立了多个机制，但最为稳定、最为有效、最为重要的机制主要有中美人文交流高层磋商机制、友好城市交流、中美省州长论坛以及中美市长峰会等。

1. 复杂性：国家层面的机制

中美人文交流高层磋商机制是关于城市参与中美人文交流方面全新

---

① David Judge, *Theories of Urban Politics* (Shanghai: Shanghai Century Publishing Group, 2009), p. 71.

② Clarence N. Stone, *Regime Politics: Governing Atlanta*, 1946 – 1988 (Lawrence: University Press of Kansas, 1989), p. 4.

③ Courchene, T. J. "Globalization: The Region/International Interface", *Canadian Journal of Regional Science*, 18: 1, 1997, p. 15.

的、级别最高的也最为重要的机制，受到两国政府高层的高度重视。①随着两国关系的日益密切，2009 年 4 月，刘延东国务委员在访美期间，在与希拉里国务卿会晤时提出开辟中美关系新领域，深化中美人文交流和建立高层磋商的重要倡议，得到了美方的积极回应。2009 年 11 月美国总统奥巴马访华期间，与中国国家主席胡锦涛就加强两国人文交流达成重要共识，两国政府同意就此建立一个新的双边机制并写入《中美联合声明》。2010 年 5 月 25 日，中美人文交流高层磋商机制在北京正式成立并同时举行第一次会议。刘延东国务委员和美国前国务卿希拉里共同出席了机制成立仪式。中美人文交流高层磋商第一次会议决定中美未来将主要在科技、文化、教育、体育、妇女、青年六个领域开展交流与合作，每年轮流在两国召开磋商会议。机制中方主席由负责相关事务的副总理级官员担任，美方主席由国务卿担任。中国教育部履行机制中方秘书处的工作职能，教育部副部长担任机制中方协调人，美方协调人则由副国务卿担任。中美双方机制现任协调人分别为郝平副部长和塔拉·索南夏恩副国务卿。

中美人文交流高层磋商会议至今已举办了五轮会谈，其中关注度较高、较重要、成果较丰硕的有第一轮、第三轮和第五轮。第一轮中美人文交流高层磋商会议于 2010 年 5 月 25 日在北京举行。刘延东国务委员和希拉里国务卿共同主持了此次会议，包括中国教育部长袁贵仁、中国驻美大使张业遂、美国驻华大使洪博培等在内的双方约 300 名代表出席了会议。第三轮中美人文交流高层磋商会议于 2012 年 5 月 4 日在北京举行。刘延东国务委员和希拉里国务卿作为机制双方主席共同出席并主持了会议，双方共约 150 名代表出席。此次会议的主题为“深化中美人文交流，构建新型大国关系”，全面总结了自此机制设立以来中美人文交流取得的进展，并共同商讨规划了未来的工作方向。刘延东在致辞中就加强中美人文交流提出三点倡议：一是要推动双方人文交流向纵深方向发展，发掘民间力量，使之更好地服务于中美构建 21 世纪新型大国

① 刘延东：“中美人文交流将增进两国之间的理解、共鸣和信任——在第三轮中美人文交流高层磋商会议上的讲话”，《世界教育信息》2012 年第 6 期，第 21 页。

关系的战略目标；二是要充实人文交流的内涵，为地方特别是基层创造更多机会，使得人文交流形成覆盖广泛化、内容丰富化、形式多样化的格局；三是推动中美人文交流超越双边范畴，使之成为不同国家和谐共处、不同文明融合共生的典范。① 第五轮中美人文交流高层磋商会议于2014 年7 月9 日在北京举行，习近平总书记出席了开幕式。此次会议由刘延东副总理与约翰·克里国务卿共同主持。刘延东在会上指出，人文交流高层磋商机制在中美两国领导人的关心和支持下发展势头良好，交流与合作的范围和规模不断扩大，加深了中美两国人民的理解，夯实了两国关系的基础，为两国关系的发展注入了新的活力。刘延东认为人文交流可发挥构建中美新型大国关系的助推器、增信释疑的润滑剂的作用，为中美关系发展提供正能量，奠定两国伙伴关系的人文基础。

按照官方的说法，中美人文交流高层磋商机制是对中美关系全局产生重大影响的战略决策，是中美关系史上的创新之举，是中美关系不断与时俱进的结果。② 然而在实践中，中美人文交流高层磋商机制却充满了复杂性。一方面，它体现的是自上而下的权力运作逻辑，国家高层领导的推动固然重要，然而由于涉及的领域和官僚部门很多，双方的牵头部门在协调资源方面颇为不易。另一方面，作为官方推动的中美人文交流机制，其在运行的同时反映出中美关系的复杂性，该机制虽然聚焦在人文交流领域，但受到政治、经济、金融等各领域的影响，而且在这些不同领域中，两国国内机制的运行逻辑不尽相同。

2. 政府力量与非政府力量的互动：友城交流机制

友城间的交流是地方政府开展科技、文化、体育等对外交流活动的重要渠道，是向对方国家展现自身的良好窗口，是吸引外资、促进经济繁荣的有力方式。友城机制是城市参与中美人文交流的主要途径，友城活动的开展充分体现了政府机构与非政府机构之间的互动。

中美两国友好城市的缔结并不是随心所欲的，在各自国内都有一套

---

① http://www.moe.edu.cn/publicfiles/business/htmlfiles/moe/moe_ 176/201205/135627.html，2015 年2 月15 日访问。

② “中美人文交流高层磋商机制概述”，《世界教育信息》2012 年第6 期，第26 页。

固定的缔结程序和应遵守的原则。就中方而言，友好城市的缔结工作由外交部主管，中国人民对外友好协会协调负责。国家主管部门对各省市建立友好城市的数量一般没有限制，但严格奉行重质量、重实效的指导方针。一般来讲，地方政府如有意向与外国城市缔结友城关系，首先需向本地区上一级地方政府外事主管部门提交书面申请说明情况，逐级审批，得到中国人民对外友好协会的认可且驻外使领馆无反对意见后报外交部批准，得到批准后，双方才可以正式签署结好协议书。在征得双方同意后，结好协议书的有效期限一般为五年，有效期满后，双方可商议决定是否延续友好城市关系。一般情况下，城市结好不允许“二对一”，即我国的两个或两个以上城市与外国同一个城市建立友好城市关系，但考虑到不同国家行政区划的不同，在不损害已结好城市交流合作的前提下，可适当“二对一”或“多对一”。

就美方来说，友好城市的缔结工作主要由美国国际姐妹城协会协调管理。与中国外交部和全国友协的官方身份和官方授权身份不同的是，美国的姐妹城协会的属性更多的是一个民间自治团体，但却承担了一定的官方职能，该协会的经费由美国国务院提供。美国国际姐妹城协会的前身是全国城市联盟中专门负责友好城市项目的部门，随着时代的发展，美国对外友好城市的缔结日益增多，此部门便在 1967 年从全国城市联盟中独立了出来，改名为美国国际姐妹城协会，继续专门负责和协调美国的友好城市工作，并定期举行年会。该协会最初是艾森豪威尔总统倡导成立的，此后历届美国总统几乎都是该协会的名誉主席。[①] 协会的宗旨是通过帮助美国的州、县、市与外国的相应行政单位建立社区伙伴关系来为美国城市官员和普通人民了解他国文化创造机会，为不同城市间的往来提供舞台，推动美国城市的对外人文交流与合作，为城市的发展注入活力。与中国类似，美国国际姐妹城协会也于 1990 年制定了友城缔结“一对一”的原则并延续至今，“一对二”或“二对一”都得不到承认，且不享受协会提供的服务与支持。美国州政府对友城工作不

---

① Rogier V. Pluijm, “City Diplomacy: the Expanding Role of Cities in International Politics”, *Netherlands Institute of International Relations*, August, 2007, p. 23.

配备人员，也不提供资金支持，只是给予名义与形式上的支持，由市政府成立友好城市委员会来做友城工作。[①] 城市对外缔结友好关系需要得到市议会的批准并上报姐妹城协会，签订友城协议书时市长需出面。协议书经市议会和姐妹城协会批准后，不需要报州议会和州政府批准，也不需要报联邦政府批准。

针对友城交流的特性，曾任中国友好城市联合会副会长的刘庚寅曾概括说，友好城市关系是以地方政府之间的交往为主，同时带动两地政治、经济、社会和文化的交往。实际上，它具有官方和民间的双重特性，较官方外交更有灵活性，较民间外交更有专业性。[②] 究其实质，以友城为基本机制开展的中美人文交流活动，并不是中国民众与美国民众普通的往来，而是在城市政府的组织和支持下，由特定的机构和人士以民间形式出现，有针对性地开展中美合作。通过这些交流合作，两国的组织和民众得以相互了解和加深印象，进而借重这些组织和个人在本国的影响力，逐步形成有利于两国关系的积极气氛和舆论环境，推动双边关系深入发展。友城交流机制的成效取决于政府机构与非政府机构之间的相互协调与促进。

3. 多层次性：次国家层面的机制

国际城市人文交流活动是丰富而多层次的，中美之间亦是如此，有省州之间的，也有市县之间的，交流内容繁杂而多样。从机制上来看，中美省州长论坛和中美市长峰会代表着次国家层面的两个联动机制。

（1）中美省州长论坛

2011 年 1 月 18—21 日，时任中国国家主席胡锦涛对美国进行了国事访问。访问期间，两国探讨了进一步促进地方在贸易、投资、能源、环境、人文等多领域合作与交流的措施，并在《中美联合声明》中宣布建立中美省州长论坛作为两国省州级领导人重要的交流平台。会后，时任中国外交部部长杨洁篪和美国国务卿希拉里共同签署了《关于建立

---

① Fry E. Stevenson, *The New International Cities Era: the Global Activities of American Municipal Government*, (Utah: Brigham Young Press, 1989), pp. 87 – 92.

② 刘庚寅：《为了友谊和和平——民间外交亲历记》，世界知识出版社 2006 年版，第 21 页。

中美省州长论坛以促进地方合作的谅解备忘录》。[①] 该备忘录中指明中美省州长论坛由中国人民对外友好协会和美国全国州长协会共同举办，每两年轮流在两国举办，但每年举行会谈或见面会。2011 年 2 月，湖南省委书记周强和全国友协副会长李小林出席了在美国华盛顿举行的美国全国州长协会冬季会议，李小林副会长与美国全国州长协会主席、华盛顿州州长克里斯汀・葛瑞格尔共同签署了《建立中美省州长论坛协定》，标志着该论坛正式启动。[②] 中美省州长论坛至今已举办了两届正式论坛和多轮对话。首届中美省州长论坛于 2011 年 7 月 15 日在美国犹他州盐湖城举行，论坛的主题是“加强中美地方合作、促进共同繁荣”。此次论坛，云南省、安徽省和青海省省长以及李小林副会长代表中方出席，中方代表团团长为浙江省省委书记赵洪祝，美方共有 24 位州长参加。两国的省州长除了在贸易、环境、能源等领域进行广泛的交流和探讨之外，也将重心放在了人文领域，尤其是教育、科技和青年交流领域。来自中美两国的近 30 位省州长不仅在两国共同关心和共同遇到的问题上进行了深入讨论，更采取实际行动签订了与经济、贸易、人文等方面相关的一系列合作协议书，论坛所达成的丰硕成果受到中美两国政府和社会各界的高度评价和肯定。第二届中美省州长论坛于 2013 年 4 月 16 日在北京和天津两地共同举行。中国河北省、黑龙江省、福建省省长，以及天津市市长、广西壮族自治区代主席和李小林会长联合美国的三位州长参与了此次论坛，主要就“中美相互投资挑战及机遇”和“环境治理现状及对策”两大议题进行了讨论。

中美省州长论坛相对于中美人文交流高层磋商机制而言更强调地方性，它是连接中央层面和包括城市在内的地方层面的重要机制。参与中美省州长论坛的都是地方领导人，该论坛建立的宗旨也是为两国省州级领导人提供交流平台。双方讨论的议题非常广泛，包括经济、贸易、环境、能源、人文等方面。整体趋势是，人文交流，尤其是教育、科技和青年领域的交流与合作已经逐渐得到地方领导人的重视。中美省州长论

---

① http：//www. cpaffc. org. cn/project/contents. html？ id = 22286，2015 年 2 月 16 日访问。

② 同上。

坛的设立为越来越多的城市参与中美人文交流提供了平台，提供了更广阔的空间和更大的机遇，使得地方的参与有了机制的保证。例如，青海省西宁市与美国犹他州的友好城市交流就是在中美省州长论坛的框架内得以建立，逐步开展并取得成效的。青海省参加首届中美省州长论坛共派出三个代表团，分别为省长带领的省政府代表团、西宁市政府领导率领的西宁市代表团以及青海省经贸代表团。三个代表团参加了能源、经贸和人文交流等议题的研讨，在此后的交流活动中，省市联动的机制取得了很好的效果。①

（2）中美市长峰会

美国早在20世纪八九十年代就基本完成了城市化，中国的城市化率也已超过50%。随着时代的发展和进步，政府间的交往已经渐渐不能满足国家间对交往与合作的需求，在这种情况下，城市作为次国家行为体，在自身的权限范围内，积极参与了国家间的交流与合作。美国市长协会成立于20世纪80年代，中国市长协会成立于20世纪90年代初。随着中国综合国力的提升和世界地位的提高，中美两国在许多领域都需要密切合作，两国城市通过缔结友好关系的方式，交往也愈加频繁。在这种情况下，中美市长协会于1999年牵头成立了中美市长峰会作为两国城市间的定期交流机制，并商定峰会分别在两国城市轮流举行。②

中美市长峰会的宗旨是为中美市长分享城市发展经验提供渠道，为企业间的经贸合作创造平台，为创造更加美好的城市生活而就两国城市共同面对的挑战深入探讨并商量良策，最终通过市长间的直接对话和交流增强双方的了解和信任。从1999年中美市长峰会成立至今，双方共举办了七届会议，分别是1999年在檀香山、2000年在西安和苏州、2002年在华盛顿、2005年在重庆、2007年在芝加哥、2010年在成都、2013年在洛杉矶。③ 这七届峰会主要围绕城市间的经贸合作、城市环境保护、城

① 韩方明等：《城市外交：中国实践与外国经验》，新华出版社2009年版，第80页。

② John Kincaid, "State and Local Government Go International", *Intergovernmental Perspective*, May, 2000, p. 17.

③ 黄建达："新时期（1979—2010）中美城市外交问题初探"，中国政法大学硕士论文，2011年5月，第34页。

市建设及城市的可持续发展这四个方面进行。从峰会的举办地来看，中方主要是选择有深厚文化底蕴的城市，而美方则偏向于选择大都市。

中美市长峰会就与会者的级别来说，不如中美省州长论坛，更不如中美人文交流高层磋商机制，但在城市参与中美交流与合作方面发挥的作用却更加直接和具体。中美市长峰会从1999年成立至今，大会讨论的议题主要是城市间的经贸往来、环境保护、城市规划等，较少涉及人文领域，但随着中美双方领导人对人文交流的高度重视以及官方人文交流与合作的蓬勃发展，人文交流已经成为与政治互信、经贸合作并列的中美关系三大支柱，中美市长峰会从成立初期较少涉及与人文有关的议题到现在也开始逐步重视城市间的人文往来。2010年中美人文交流高层磋商机制设立之后，两国政府都大力倡导在人文领域的交流与合作，除了政府间的往来，友好城市之间的交流成为中美人文交流的重要组成部分。中美市长峰会为两国市长提供了面对面交流的机会，使他们可以更好地就城市之间包括人文领域在内的各方面的交往进行对话和探讨，以一条更直接的途径获得对对方的了解，为城市间进行与人文交流有关的合作创造了可能。

（三）城市参与中美人文交流机制运行中的问题

中美人文交流机制呈现出多层化发展的趋势，从高层磋商机制、省州长论坛到城市之间再到县区的结对友好交流，交流主体间的差异性决定了友好交流的内容与侧重有所不同，但就城市参与中美人文交流而言，以城市为交往主体的友好城市以及市长论坛、市长峰会等是最为具体和直接的交流机制。事实上，在次国家层面的中美交往中，以城市为主体的交流活动占据主流。本课题组在翻阅整理各省（市）外办外事活动的过程中发现，以省州和区县为主体进行的外事交流活动类型基本都能包含在城市一级的活动中，且从全国总的外事活动来看，以城市为主体进行的外事往来活动基本占据了一半以上。对于中美人文交流而言，无论是从数量、质量还是代表性来看，城市都是更为典型、发展潜力也相对大些的主体。

不过，虽然城市参与中美人文交流已经建立起稳定的机制，但是这些机制在运行过程中仍然暴露出一些明显的问题：

一是城市参与中美人文交流的内容比较单一，能够调动的领域和资源有限。课题组依据全国各省市官方外事网站近年来的外事活动报道、网站上的工作总结或相关备忘录签署做了粗略的统计，统计结果参见表3—1。从交流内容来看，我们会发现，20世纪80年代中美城市间的交往内容多为礼仪性造访，实质交流的目标性不强，即便是有具体的交流内容，也以农业合作居多（如四川、浙江）。90年代开始，中美城市交流才进入商贸、教育、卫生层面（医护人员交流），如浙江。而且，就笔者从网站上搜集到的信息来看，迄今为止中美城市之间的交流较局限于经贸与文化往来。从调动相关资源情况来看，中美城市交流的重心还是围绕经贸在进行，文化虽然也有，但并不突出。

表3—1　中国各省市对美友好城市交流一览表①

省份	地区	结对数	第一对友好城市成立时间	交流内容	信息发布质量
江苏（266对）	东部	14	南京/圣路易斯市/1979－11－2	经贸、文化	A
山东（165对）	东部	14	青岛/长滩市/1985－4－12	经贸、文化	B
广东（135对）	东部	13	广州/洛杉矶市/1981－12－8	经贸投资、科技创新、能源环保、旅游、文化	A

① 表格内容整理制作时间截至2013年，省份后面括号里的数字是该省友好城市结对的总数，并不仅局限于中美双方。时间以该省及相关市外办相关信息时间为准，鉴于各省、市交流内容侧重各不相同，范畴主要综合省与市的交流内容。新疆外事办网站无与美交流内容记录，仅有的一个友好城市乌鲁木齐市外办网页一直提示错误和不存在，因而相关信息无法获取，为暂缺。外事网站信息统计质量主要标准参考：A. 该省（或某些市）外事网站在友好城市交流信息统计中有相关具体结好时间，结好以来具体交流内容的系统的纵向梳理，有的还有交流内容的完成有效性的统计（如四川、重庆），若未能完成还会附带原因等。B. 该省（或某些市）外事网站在友好城市交流信息不会有集中专门系统的统计，而是会散落在外事交流、国际交流、工作计划等网站子页里，信息的时间也仅局限于近年来的动态信息，整体特点是信息量相对较大，但不够系统完整，有缺、漏、过度简化的特点。C. 该省（或某些市）外事网站友好城市交流信息几乎没有或者完全是空白，可提供参考分析的信息价值不是非常大。

续表

省份	地区	结对数	第一对友好城市成立时间	交流内容	信息发布质量
福建（75对）	东部	10	厦门/巴的摩尔市/1985-11-7	科教文卫、环境、经贸	A
江西（67对）	中部	9	新余/罗马市/1993-11-7	经贸、文教、培训、艺术	B
湖南（66对）	中部	9	长沙/圣保罗市/1988-5-9	经贸、文教、新能源、环保、卫生	C
辽宁（84对）	东部	8	大连/奥克兰市/1982-3-30	经贸、文教、环保	C
浙江（93对）	东部	7	杭州/波士顿市/1982-5-1	经贸、教育培训、文化	A
湖北（78对）	中部	7	武汉/匹兹堡市/1982-9-17	经贸、文教、高科技、新能源	B
四川（66对）	西部	7	成都/菲尼克斯市/1987-5-13	经贸、文教、科技、慈善	A
安徽（77对）	中部	7	合肥/哥伦布市/1988-11-17	经贸、高科技、新能源、低碳生态、文化	A
河北（64对）	东部	6	石家庄/得梅因市/1985-8-8	经贸、教育、园林、文化	C
陕西（62对）	西部	5	西安/堪萨斯市/1989-4-29	文化、教育、经贸、能源	B
广西（82对）	东部	5	桂林/奥兰多市/1986-5-14	文化、旅游	C
山西（39对）	中部	5	长治/雷丁市/1992-7-27	经贸、高科技、文教	C
河南（91对）	中部	4	开封/威奇托市/1985-12-3	教育、科研、食品、农业	C
吉林（53对）	中部	4	长春/弗林特市/1985-6-8	文化、经贸	C
云南（53对）	西部	3	昆明/丹佛市/1986-5-15	文化、环境、卫生、经贸	B
海南（46对）	东部	3	海口/俄克拉荷马市/1992-11-20	经贸、文教、旅游、培训	A
甘肃（44对）	西部	3	兰州/阿尔伯克基市/1996-4-18	文化、经贸、旅游	C
上海（70对）	东部	2	上海/旧金山市/1980-1-28	经贸、文化	A

续表

省份	地区	结对数	第一对友好城市成立时间	交流内容	信息发布质量
北京（60对）	东部	2	北京/纽约市/1980-2-25	文教	C
内蒙古（30对）	中部	2	包头/埃尔帕索市/1994-10-17	来访考察	C
黑龙江（74对）	中部	2	哈尔滨/明尼阿波利斯市/1993-9-18	经贸、文化、旅游、农业	A
天津（25对）	东部	2	天津/费城/1980-2-10	商贸、文教	C
重庆（31对）	西部	1	重庆/西雅图市/1983-6-3	经贸、文化、教育、园林	A
新疆（26对）	西部	1	乌鲁木齐/奥勒姆市/2000-9-27	暂缺	C
贵州（9对）	西部	1	贵阳/沃思堡市/2011-10-17	慈善、来访考察	C
西藏（7对）	西部	1	拉萨/博尔德市/1987-4-10	参观、来访	C
宁夏（43对）	西部	0	0	农业生产、能源化工、医药	C
青海（12对）	西部	0	0	环保、新能源、健康、教育、高原医学、旅游等	C

资料来源：作者自制。

二是城市参与中美人文交流的主体之间有时存在不平衡问题。比如，中国城市与美国郡、区和县等之间的交流级别在某些情况下不匹配。更重要的是，城市参与中美交流的持久动力来自城市自身的禀赋和发展需求，因此在交流过程中也会受到自身条件的限制，如在中国城市参与交流的地域分布上，就出现重沿海、轻内地的现象。从目前中美人文交流的机制运行来看，基本框架是由中美双方的官方制定和引导的，城市参与仍以政府推动为主，这就导致城市参与中美人文交流以精英阶层为主体，非政府组织和普通民众的交流渠道相对比较狭窄。

三是各个层次的机制之间相互协调性不足。中美人文交流高层磋商机制是由双方政府共同倡导成立的高级别机制，每年举行一轮磋商会议，总体而言较为稳定，所达成的实质性成果也较多。中美省州长论坛每两年举行一次，但其主要问题在于当论坛在某一方举办时，此方参加的地方政府领导人较多，在对方国家举办时则不加以重视，且会议结束后没有常设机构来具体执行会议所达成的交流项目。中美市长峰会从举办至今仍未能形成固定的峰会举办时间，参加峰会的双方市长规模也较小，峰会的影响力不足。[①] 此外，这三个机制作为城市参与中美人文交流的重要渠道，互相之间没有交流与协调的方式，从而无法在机制之间产生互相促进的作用。

三、非对称性：城市参与中美人文交流的机制能力差异

如前文所述，城市参与中美人文交流的机制在实际运行过程中存在一些问题。以机制理论的视角来看，这些问题其实反映出中美双方的机制能力具有非对称性的特点。机制能力是指决策主体创建和保护合作关系的能力，机制理论强调统治者通过对资源的积极调动来主宰其他利益方的能力，其权力行为的目的是为了建立一个机制，并且取得统治的能力。城市统治活动的机制能力主要取决于国家机制和地方机制两种背景（Context）条件。[②] 本章尝试借鉴机制理论的这一思路，针对中美城市人文交流机制能力的非对称性特点进行比较分析。

（一）国家机制背景条件

城市参与中美人文交流的国家机制背景主要是指塑造机制的一系列

① 黄建达：“新时期（1979—2010）中美城市外交问题初探”，中国政法大学硕士论文，2011年5月，第9页。

② David Judge, *Theories of Urban Politics* (Shanghai: Shanghai Century Publishing Group, 2009), p. 79.

超越地方层次的结构化因素，诸如国体、政体、政党制度、国家结构形式、外交战略等。中美两国由于各自不同的发展道路和历史经历，在这些方面差异甚大，这些条件的不同无疑影响着两国城市在中美人文交流中的参与行为。

美国的国家结构形式是联邦制。全国只有一个联邦政府，联邦与州实行分权，州对联邦具有独立性。在对于州的权力的讨论中，州权主义这种思想由来已久。早在1776年，大陆会议就确立了“主权在州”的思想，各州在自己的宪法中都规定“本州有宣战、媾和、缔约、禁运和保持海陆军的权力”。当时的邦联制虽然设立了国会来行使中央政府的权力，但州仍被不少本地人称为“国”，州权思想十分强大。①1787年的制宪会议又针对州权主义与国家主义展开了激烈的争论。弗吉尼亚州的政客约翰·伦道夫曾说：“要让一个州让出它的部分主权，就好像要一个妇女让出她的部分贞操一样。”② 在新宪法制定之后，州权主义者要求设立宪法修正案第十条来保证州的权力，即“举凡宪法未授予合众国政府行使，而又不禁止各州行使的各种权力，均保留给各州政府或人民行使之”。③ 从18世纪末到南北战争前夕，州权运动更是高涨。1832年南卡罗来纳州宣布享有国会法令的“废止权”和拒绝执行联邦政府制定的税率，标志着州权运动达到一个新的高度。南方由于实行邦联制，其力量过于分散，在内战中失败了，之后州权主义的势头便不如之前强劲了，但其影响并未消失。20世纪20年代的经济大萧条之后，罗斯福总统施行“新政”，加强政府干预，再加上30年代最高法院又放宽了对宪法的解释，联邦的权力扩大合法化，而州政府的权力则被大大削弱。就在联邦政府权力极度膨胀的这个时期，州权主义仍然有其一席之地，如1935年最高法院宣布《全国工业复兴法》违宪，理由是商业是地方性活动，应由各州管理，不论发生多大的经济危机，根据宪法，

① 刘卫政：“略论美国国家主义和州权主义的产生极其对联邦制形成的影响”，《史学集刊》1986年第4期，第19页。

② 邓蜀生：“美国历史上的州权”，《世界历史》1982年第5期，第30页。

③ 朱曾汶：《美国宪法及其修正案》，商务印书馆2014年版，第126页。

联邦政府也不得干涉。[1] 到了50年代，出现了州拒绝执行联邦法院关于禁止种族歧视、黑白学生共校的裁决，最为著名的则是艾森豪威尔总统调动1000名联邦伞兵来保证黑人学生权益的小石城事件。尼克松政府和里根政府都致力于扭转自30年代罗斯福新政以来联邦权力过于膨胀，州权不断被挤压的现象。里根政府时期大力推行新联邦主义，下放联邦政府的权力，"还权于州，还政于民"。在现今的美国，外交、军事、铸币和关税等是联邦政府绝对控制的领域，各州在其区域范围内有管辖权，在立法、行政、司法等方面独立于联邦政府，有自主权，但若与联邦政府的法律或行为相抵触时，一般还是要服从联邦或呈交最高法院裁决。

与此同时，第二次世界大战之后，西方国家普遍实施社会保障、失业救济、就业培训、贫困救助和公共教育等政策。这些政策的实施凸显了地方政府特别是城市政府的重要性，因为城市和其他层次的地方政府成为实施这些公共政策的场所。按照美国法律，在国家或州的授权下，城市政府成为国家政策实施的重要国内行为体，美国城市在国家政治、经济和社会生活中的地位和作用大大提升。

中国的国家结构形式是单一制，国家本身是一个统一的整体，全国有统一的立法机关全国人民代表大会和统一的中央政府。为了便于管理，中国按"省"划分行政单位并设立直辖市和少数民族自治区，各行政单位和自治单位都受中央统一领导，没有脱离中央而独立的权力。《中华人民共和国宪法》第三条规定："中央和地方的国家机构职权的划分，遵循在中央的统一领导下，充分发挥地方的主动性、积极性的原则。"关于中央和地方的行政权力分配，《宪法》第八十九条规定："国务院统一领导全国地方各级国家行政机关的工作，规定中央和省、自治区、直辖市的国家行政机关的职权的具体划分"，并有权"改变或者撤销地方各级国家行政机关的不适当的决定和命令"。从《宪法》的明确规定中可以看出，尽管中国各行政单位和自治单位也设有立法机关、行

① 张兹署：《美国两党制发展史》，河北教育出版社2003年版，第424页。

政机关和司法机关，但其权力来源于中央授权或宪法授予，地方与中央的关系是领导与被领导、上下级的关系，其权力的大小也完全由宪法和中央决定，而非自身固有。

在外交和国际关系领域，在中文语境下，理解城市对外交往的最重要结构条件是指任何城市所从事的国际交流活动必然是国家总体外交的一个组成部分，国家总体外交既为城市的国际交流创造机遇，同时也给城市设定了不可逾越的限制。在学术界，陈志敏和苏长和教授提出地方外交的概念，认为应基于对外交的广义定义，将地方政府在中央政府政策指导下所从事的对外交往活动视为中国外交的一部分，城市外交是地方外交的一种类型。① 杨勇博士的界定与之类似，认为城市外交是国家外交的延伸，具有宪政上的非主权性、战略上的补充性、权力上的有限性、行为上的中介性、职能上的社会性等特征。②

（二）地方机制背景条件

地方机制背景条件是指在次国家层面——包括省州和城市以及城市内部的各种影响机制运行的条件，具体可以是省州与城市之间的关系结构、城市内部政府与非政府机构之间的关系、城市用于对外交往活动的经费来源等。

美国的联邦制与中国的单一制相比，美国“州”的权力要远超中国“省”的权力。美国的50个州都是联邦的组成单位，都有各自不受联邦政府干涉的保留权力。各州在立法、行政、司法方面都有自主权，由当地选民选出的各州行政首长和立法机构只需对选民负责，而不是对联邦政府负责。1868年，爱荷华州法官约翰·狄龙在一起关于州与城市关系的案件的判词中说：“州立法机构可以创建地方自治机构，也可

① 陈志敏：“中国的地方外交”，《国际观察》2010年第1期，第18—19页；苏长和：“国内—国际相互转型的政治经济学”，《世界经济与政治》2007年第11期，第12页；苏长和：“国际化与地方的全球联系——中国地方的国际化研究（1978—2008年）”，《世界经济与政治》2008年第11期，第24—32页。

② 杨勇：“全球化时代的中国城市外交——以广州为个案的研究”，暨南大学博士论文，2007年6月，第56页。

以摧毁它们，可以这么说，地方自治机构只不过是寄宿在州立法机构意志之下的房客。”[①] 这段对州与城市关系做出明确规定的判词又被称为“狄龙规则”，在当时得到最高法院的肯定。

根据“狄龙规则”，美国的市政府直接从州政府接受宪章，借此确定边界，获得职权，规定组织结构与财政，并得以选举和任用官吏与雇员。市政府有在其管辖范围内执行州法律的责任，也有制定只在其境内生效的地方法律法规的权力，市政府从城市宪章中获得一定的对社区进行自我管理的自治权力。[②] 就州与城市之间的权力划分而言，城市的自治权限是非常有限的，城市与州的自主性较州与联邦的自主性相距甚远。就算在联邦制的美国，也很难发现在行政、司法等方面具有高度自治权的城市，这些职能一般是由州政府承担的。在立法方面，尽管市政府有制定只在其境内生效的地方法律法规的权力，但也有在其范围内执行州法律的责任。美国的市和县之间是独立的法人关系，自负盈亏，市和县之间没有隶属关系，只是相互配合，很少会有地方政府之间的摩擦和矛盾。

在中美人文交流方面，美国的城市与中国缔结友好城市无需得到州政府和联邦政府的批准，只需上报美国国际姐妹城协会备案即可。美国地方政府认为城市之间的交流完全是社区的责任，政府不配备人员，没有资金支持，政府只是给予名义与形式上的支持，社区各方成立一个友好城市委员会义务做友城工作。地方政府缔结友城的批准权在市议会，签订友城协议书时市长出面。协议书经市议会批准后，不需报州议会或州政府批准。在交往程度方面，如果这些活动威胁到美国的对外关系，那么国会、总统甚至最高法院具有阻止它们的宪法授权。[③] 因此，在不损害美国国家利益的前提下，美国的城市与中国城市结好并参与中美人

---

① Hans J. Michelmann and Panayotis Soldatos: *Federalism and Foreign Relations* (Massachusetts: MIT Press, 1997), p. 277.

② 罗思东、王旭：《美国新城市化时期的地方政府——区域统筹与地方自治的博弈》，厦门大学出版社2009年版，第267页。

③ 熊九玲：“城市的国际角色：联邦制和单一制比较”，《公共外交季刊》2013年第13期，第47页。

文交流与合作完全是市政府的事务，其动机主要是为了自身的利益和发展。资金来源方面，美国的国务院每年向姐妹城协会拨经费，协会再为城市的国际活动提供有限的资金，州政府只在形式上表示支持，但不提供资金支持。

以利益集团为代表的非政府行为体在美国城市参与中美人文交流方面发挥着重要影响。利益集团凭借自身强大的经济实力或社会影响力，可以在很大程度上影响城市政治。受到美国城市与中国城市交流影响的利益集团，会通过金钱或社会舆论等方式施加影响，以促成或阻止中美城市间发展友好关系。

中国单一制的国家结构形式决定了地方政府有限的自主性。中央政府与地方政府是上下级的关系，地方政府需要受中央政府的领导。地方的权力机关人民代表大会没有立法权，只有全国人民代表大会才有立法和修改法律的权力。地方的行政机关有自主处理事务的权力，但前提是与中央政府的政策纲领一致，且若中央政府认为对事务的处理或命令不恰当，可无条件撤销。

这种权力的有限性也体现在中国城市开展对美人文交流的活动上。例如，城市地方政府若想与美国城市结好，写好申报材料说明情况后需逐级审批，最后送中国人民对外友好协会核准后转交外交部批准，最终得到外交部的准允后方可正式签订友好协议书。中国人民对外友好协会和中国国际友好城市联合会是友好城市的主要协调管理部门，地方上友好城市的缔结工作主要由各地方政府的外事部门负责。缔结成功后，结好城市将得到地方政府和上级政府的资金支持以开展交流活动。表 3—2 显示了中国城市用于外事活动的资金预算情况。从预算分配上看，中央 1995 年（含 95 年）之前地方外事支出与公检法支出一起包含在行政管理支出一项中，之前因没有具体数据而无法考证，但 1995 年之后每年的地区财政支出总表中都会有单列的一项公检法支出，而表格却没有具体的再做说明行政管理这一项是否仍含外事支出一项。自 1999 年开始，地区财政支出项中开始明确出现“外交外事支出项”一项。从 2007 年开始中东部大部分发达地区便没有了外交外事支出项数额，到

2009年、2010年，外交外事支出项已然在地区财政支出中消失，至2011年开始才又出现零星地方的外交外事支出。

表3—2 1999—2006年中国地方外交外事事项支出情况表（单位：万元）

年份	地方财政年支出总额	地方外交事项年支出总额	外交支出占总支出比例
1999	93212450	76601	0.085%
2000	104542771	88249	0.084%
2001	131345584	94786	0.072%
2002	152814521	104295	0.068%
2003	172298463	98712	0.057%
2004	205928063	114814	0.056%
2005	251543091	123543	0.049%
2006	304313277	136124	0.045%

资料来源：详见“中华人民共和国统计局网站统计年鉴中地方财政支出1996—2013”，http：//www/stats. gov. cn/tjsj/ndsj/，2015年2月20日访问。

与美国不同，中国没有拥有非常明确名称和宗旨的利益集团，但城市中经济实力强大的国企或大公司考虑到自身的发展，还是可以运用自身的影响力施加影响，支持或反对结好。在城市间的中美人文交流领域，中国城市的地方企业相对于美国地方企业发挥的作用较少。

（三）小结

总的来看，正是因为两国城市参与中美人文交流的机制能力存在着非对称性背景条件，加之机制本身就具有复杂性、政府与非政府行为体互动和多层次性等特点，中美城市在人文交流领域的合作面临着一些制约性因素：

第一，城市参与中美人文交流受中美关系的影响极大，具有脆弱性。虽然两国的人文交流蓬勃发展，人文交流的行为体也呈现多样化，但由政府主导的局面并没有多大改变。因此，当两国的关系遭遇挑战时，城市间的人文交流就极易受到影响和冲击。[①]

第二，城市参与中美人文交流极易受到国家背景条件的影响，具有敏感性。中美两国政体不同、发展道路不同，一些国家双边关系中的敏感问题不可避免地会影响到城市层面的人文交流活动。

第三，城市参与中美人文交流存在严重的不平衡性。这种不平衡性体现在双方交流总量的不平衡和官民两种交流渠道的不平衡上。中国对美国在中美人文交流高层磋商机制确立的 6 个主要交往方面都存在逆差，尤其是在文化、科技和教育这三个领域。例如在教育领域，在 2008—2009 学年，中国赴美留学的人数逼近 13 万人，是美国留学生第一大来源国。同时期美国在中国的留学生人数仅为 1.3 万多人，只占美国海外留学生总数的 5.3%，中国是美国第五大留学目的国。[②] 两国人文交流的另一个不平衡体现在交往渠道上面。虽然城市已成为两国人文交流的重要力量，但参与者主要是城市精英阶层，普通民众因缺乏交流意识和交流平台而未能积极参与其中。

四、案例分析：苏州市与波特兰市的人文交流

苏州市与美国波特兰市于 1988 年 6 月 7 日正式结为友好城市。20 多年来，两市在很多领域的合作不断深化发展，人文交流方面也有一些突出的亮点。苏州市与波特兰市的合作是中美友城合作中成效比较突出的，曾获中国人民对外友好协会和中国国际友好城市联合会共同颁发的 2012 “对华友好城市交流合作奖”。然而，从机制的角度来看，即便是作为中美人文交流合作开展得比较好的城市，苏州市与波特兰市的合作仍然显现出一些问题，而且这些问题在城市参与中美人文交流与合作中具有普遍性。有鉴于此，本章以苏波两市的交流合作为例，结合本研究

---

① 熊志勇：《中美关系 60 年》，人民出版社 2009 年版，第 264 页。

② http：//www.chinanews.com/edu/2010/11－17/2660293.html，2015 年 2 月 20 日访问。

的分析框架，尝试对苏州市和波特兰市参与中美人文交流的情况做初步分析。

（一）苏州市与波特兰市的人文交流概述

苏州与波特兰的交往可以追溯到20世纪80年代。1985年3月，波特兰市所在的俄勒冈州众议员与苏州代表接触，表达了建立友好城市的想法。在经过一系列准备以及各自国内的缔结程序完成后，双方市长于1988年6月7日在波特兰签署了建立友好城市关系的协定，并成立了波特兰—苏州友好城市协会。[①]

友城关系正式缔结后，双方各方面的交流与合作便开始逐步发展起来。在人文交流领域，两市在文化、教育及科技三方面的成果比较突出。苏州是一个历史悠久、具有深厚文化底蕴的中国城市，有属于自己的独特文化名片。在与波特兰的交往中，苏州注重发挥自己所长，通过各种活动，努力将自己的文化传播到波特兰甚至是美国，加深对方人民对自己的了解。双方城市正式结好后不久，在1990年10月，中国古典园林协会理事长率团访问波特兰时就提议在波特兰市中心修建苏州园林风格的公园，得到波特兰方面的积极回应。1992年5月，波特兰—苏州友好城市协会主席率团访问苏州，并商讨了在苏州市中心建立波特兰风格的玫瑰园。玫瑰园于1993年9月建设完成，美方友好城市专员迈克·林德伯格出席了玫瑰园奠基仪式。1994年10月，玫瑰园正式对外开放，波特兰市长薇拉·卡茨出席了开幕式。[②] 波特兰苏州园林风格的公园耗时十年竣工，是苏州在世纪之交海外建设的最大且为美国唯一完整的苏州风格古典园林，取名为“兰苏园”。2000年8月兰苏园正式向民众开放，时任驻美大使李肇星出席了开园仪式。兰苏园除了向美国民众呈现中国古典园林的风采外，园内还经常举办各种中国文化宣传活动，向美国民众展示中国文化。[③]

---

① http：//www. sfao. gov. cn/city. asp，2015年2月22日访问。

② http：//www. portlandsuzhou. net/，2015年2月22日访问。

③ http：//www. yldag. com/static/2011/1205/289. html，2015年2月22日访问。

两市在文化交流与合作方面有重大影响的一个项目叫“星空下”。“星空下”项目活动于2003年5月首次举办，通过“星空下”项目活动，苏绣、昆曲、江南丝竹、书法等文化元素得以传播到美国，而油画、芭蕾、交响乐等也漂洋过海得到更多中国人民的了解。2014年，两市分别在对方城市设立了“苏州文化周”以及“波特兰文化周”活动。①

两市之间的教育往来始于1995年苏州第十中学与杰克逊中学以及苏州中学与威尔逊高中签订了互派留学生和教师的协定。在这之后，苏州与波特兰的学生到对方城市进行学习与交流的活动在双方政府的支持下便一直开展下去。2001年4月，波特兰州立大学与苏州外事办公室签订了一项协议，建立了苏州学生留学波特兰州立大学的项目。由苏州大学和波特兰州立大学合作建设的波特兰州立大学孔子学院于2007年5月16日正式挂牌成立。2013年1月两市签订了最新的苏州—波特兰国际学生交流计划，并设立了十余所苏州—波特兰姐妹城市学校，两市的中小学生将会在暑期进行互访，体验对方的教学模式，拓展视野。②

然而，苏州市与波特兰市的人文交流在取得一定成效的同时，仍然显现出一些问题，突出表现为以下几方面：

第一，人文交流涉及的领域不够广泛。在20世纪90年代，双方的实质性人文交流很少，“玫瑰园”项目也仅具象征意义。进入21世纪以来，双方在人文交流方面虽然有实质性推进，但也主要是在文化、教育等领域开展了一些标志性合作项目，人文交流的其他领域如体育、青年和妇女交流等，开辟的合作项目并不多，也未能形成固定的合作机制。

第二，人文交流以官方推动为主，渠道过于狭窄。苏州市与波特兰市具有特色的人文交流项目主要集中于文化推广和学生交流两方面。无

① http：//www. sfao. gov. cn/shownews. asp? id =5922，2015年2月22日访问。

② http：//www. portlandsuzhou. net/，2015年2月22日访问。

论是“新吴门画派”[①] 走进美国，还是孔子学院、友好学校等项目都极具官方色彩，能够参与的民众数量有限。截至 2012 年，在 20 多年间真正建立起来的友好中学交流计划也不过 3 对而已。[②] 2013 年以后新近建立的友好中小学计划仍在探索磨合之中。

第三，苏州市与波特兰市之间的双向人文交流活动发展不平衡，总体上表现为中方推动的力度大于美方推动的力度。例如，两市引以为豪的园林交流计划，虽以美方的倡议开始，但最终美国波特兰市在苏州建立的玫瑰园和环保木屋规模都不大，前者位于苏州城东的东园内，后者位于盘门景区的“国际友好苑”中，影响均有限。而苏州在波特兰建立的兰苏园占地3000 余平方米，耗资数百万美元，历时数年，最终建成北美唯一完整的苏州园林，并在当地取得较大影响。美国俄勒岗州政府授予兰苏园“人居环境奖”，波特兰市政府授予兰苏园当地建筑质量最高奖“模范安全奖”。[③]

第四，国家与次国家各层次的人文交流机制协调不够。从苏州市与波特兰市的人文交流情况来看，除孔子学院项目之外，其他人文交流项目均依赖于友好城市交往机制，中美人文交流的其他机制在其中几乎未产生作用，没能起到多层联动和相互促进的效果。

（二）机制能力分析

如前文所述，城市参与中美人文交流的机制能力对比从总体上来说，具有非对称性的特点，此种特点也影响到苏州市与波特兰市之间的人文交流。

① 2012 年 6 月，苏州市人民政府、波特兰市政府、苏州波特兰友好城市协会和苏州国画院合作在波特兰文化艺术中心举办“新吴门画派”美国展，向美国公众展示了来自苏州的中国画艺术。

② 这三对正式建立友好学校关系的中学分别是苏州中学与波特兰威尔逊中学、苏州中学园区学校与波特兰林肯高级中学、苏州第十中学与波特兰杰克逊中学。此外，在官方推动下，苏州大学与波特兰州立大学、苏州港大思培学院与波特兰社区学院也建立了师生交流计划。

③ 参见中国人民对外友好协会、中国国际友好城市联合会编：《展友城之翼，牵务实之手——2012“对华友好城市交流合作奖”情况报告》，第 136—139 页。

1. 国家机制背景条件

在国家机制背景条件下，中美两国差异甚大，苏州市与波特兰市可以说是处于不对称的结构性条件之中。这一点仅从两市缔结友好城市的曲折过程中就能看出。苏州与波特兰在1988年正式缔结友好城市之前，各自在国内都需要完成固定的缔结程序。就苏州而言，苏州市政府内主管外事活动的部门需要先写好申报材料，在材料中说明缔结对象，即波特兰的情况，并说明缔结原因等。在申报材料完成后，将其呈送至江苏省政府外事主管部门报批。得到批准后由江苏省政府外事主管部门报送中国友好城市的主要协调管理部门中国人民对外友好协会审核。得到全国友协的批准后，最后送交友好城市主管部门外交部审批。[①] 就波特兰而言，其缔结友城的程序则较为简单，既无需上报波特兰市所在的俄勒冈州政府，也无需上报联邦政府，而只需得到波特兰市议会的批准。在得到市议会的批准后，向美国友好城市主管部门美国国际姐妹城协会报批备案。在双方缔结友城的申请都得到各自国内主管部门的批准后，双方才可以着手准备正式签订友好城市缔结协议书。协议书需苏州与波特兰的市长共同签署生效，有效期限为五年，到期后根据双方的意愿续签或废止。在双方的友城交流过程中，中美关系的一些敏感问题和双边关系发展中的波折事件都对人文交流合作产生过消极影响。

就苏州市与波特兰市的城市权力运行而言，两者在涉外权力自主性方面所享有的自主程度是不一样的。苏州是一个地级市，根据中国国家权力的划分，苏州市政府受江苏省政府和中央政府的双重管辖，且必须服从上级政府，接受上级政府的领导。从宪法的明确规定就可以看出，苏州作为一个市政府，其虽然有一定的自主性，但这种自主性是有条件的，前提是所从事的交往活动不违背上级政府的大政方针。

波特兰市是美国中西部俄勒冈州的一个城市，美国的州与联邦实行分权，在不与联邦相冲突的情况下，俄勒冈州在自己的管辖范围内有独立的立法、行政、司法权，联邦无权干涉。美国的州相对于中国的省而

---

① http://www.cpaffc.org.cn/index.html，2015年2月23日访问。

言，权力和自主性都大得多。总体而言，虽然苏州市政府与波特兰市政府从事中美人文交流活动时的权力都受到上级的一定限制，但波特兰市政府的权力相较于苏州市政府要大一些。而且，苏州的友城活动从根本上说是中国总体外交的组成部分，其实质是为官方的对外交往奠定基础，一旦所开展的交流活动不利于中美关系的进一步发展，中央政府有权立即叫停。而波特兰市的友城活动首先还是服务于地方经济发展利益，特别是在人文交流方面受到来自联邦和州层面上的限制较少。

在人文交流国家层面的机制上，苏州市按照中国教育部的整体安排，推动了波特兰孔子学院建设，并取得成效。中国国家汉办主任许琳评价说："在各方的共同努力下，波特兰州立大学孔子学院中外教师不懈努力、辛勤工作，取得了突出的成绩，先后两次在全球孔子学院大会上获奖，为增进中美两国人民之间的了解和友谊做出了卓越的贡献，波特兰州立大学无疑是全球孔子学院的成功典范。"但值得注意的是，由于中美双方在对孔子学院的运行机制和价值观认知方面的不同，波特兰孔子学院在美也曾遭遇签证风波，为双方的合作蒙下阴影。波特兰孔子学院的中方教师在接受采访时认为，"波特兰本身就有很好的中文教学传统，谈不上中方的孔子学院对它们有什么影响，倒是我从他们的文化里学到不少东西"。①

孔子学院风波表面上看是一些技术性问题，但其深层次的根源却是中美人文交流机制背景条件中存在的中美制度和意识形态差异。

2. 地方机制背景条件

在地方层面，苏州市与波特兰市参与中美人文交流的背景条件也具有一定差异。从政府组织与非政府组织的互动和资源整合来看，苏州以官方推动为主，民间参与度相对不高，但波特兰市的活动以民间协会为主要载体，方式较为灵活。比如在两市的环保科技合作方面，苏州参与在波特兰举办的全美环保生态峰会，主要是由市政府牵头组团集体参

---

① "孔子学院老师遭遇签证风波，美方'宣传'指责与事实不符 美国'逐师令'始末"，《时代周报》2012 年 5 月 31 日，引自 http://finance.ifeng.com/roll/20120531/6540826.shtml，2015 年 2 月 24 日访问。

加，官方色彩明显。对比苏州与波特兰两市在经济领域的合作，可以发现两市的人文交流合作其实远不如经济合作调动的资源和动用的机制多，人文领域的交流与合作更多的是政府牵头而后实施的亮点工程，但经济领域的合作却由于务实和内容丰富，吸引到很多的政府行为体和非政府行为体参与。①

在两市参与人文交流与合作的费用筹措和使用方面，非对称性表现明显。苏州方面所产生的费用由苏州市政府、江苏省政府和中央政府共同承担，其中大部分来自上级政府的拨款。波特兰方面友好交往活动所需要的资金由美国国际姐妹城协会提供，协会的资金来源于联邦政府每年的专项拨款，州政府不给予任何资金支持。特别需要指出的是，中方用于交流合作的预算费用要远远大于美方的费用预算，这也是导致苏州市和波特兰市人文交流与合作双向交流不平衡的一个潜在原因。

（三）小结

总的来看，苏州市和波特兰市参与中美人文交流的主要机制是友好城市机制，承担主体是城市政府。在友好城市交流中，政府是承担契约责任的主体，在友城关系中起主导作用的也是城市政府，友城交流是通过政府层面的规划和机制化运作实施的，正如克莱默、布鲁恩和迪普伊等学者对国际姐妹城市（友好城市）特性所概括的那样："友好城市关系很大程度上是由基层和地方层次建立和维护，并不依赖于中央政府的支持，并且给国际贸易、文化教育交流、移民、投资和旅游业都带来了丰厚的收益。"不过，文化和经济活动对于国际友好城市关系来说是相互补充、缺一不可的。仅仅关注友谊、理解等文化方面，或者过度突出这种关系的经济方面，都不会带来成功的友好城市机制。②

---

① 具有代表性的如耐克中国物流中心落户苏州。参见中国人民对外友好协会、中国国际友好城市联合会编：《展友城之翼，牵务实之手——2012"对华友好城市交流合作奖"情况报告》，第136—139页。

② Rolf D. Cremer and Ann Dupuis, *International Sister-Cities* (New York: Greenwood Press, 1997), p. 381.

由于中美两国在城市参与两国人文交流机制上存在能力差异，苏州市与波特兰市在开展人文交流与合作时所面对的背景条件远比克莱默等人对一般友城关系所归纳的要复杂得多，在实践中遇到的挑战也更大。

总而言之，1971 年的“乒乓外交”标志着中美人文交流的起步，但其真正开始蓬勃发展还是在 1979 年两国正式建交后。就两国人文交流的行为体而言，最初是官方占据绝对的主导地位，但随着时代的发展，城市作为次国家行为体，通过缔结友好城市的方式，越来越积极地参与中美人文交流。

目前，为加强城市参与中美人文交流，中美双方已共同成立了多个机制，但最为稳定、最为有效、最为重要的机制主要有中美人文交流高层磋商机制、友好城市交流、中美省州长论坛以及中美市长峰会等。从机制理论的角度来看，中美人文交流高层磋商机制体现的是复杂性，友好城市机制体现的是政府与非政府力量的互动，中美省州长论坛以及中美市长峰会等机制则体现出机制的多层次性。虽然城市参与中美人文交流已经建立起稳定的机制，但是这些机制在运行过程中仍然暴露出一些明显的问题：一是城市参与中美人文交流的内容比较单一，能够调动的领域和资源有限；二是城市参与中美人文交流的主体之间存在不平衡性；三是各个层次的机制之间相互协调性不足。

本研究认为，导致上述机制运行问题的主要原因是两国城市参与中美人文交流的机制能力存在着非对称性，体现在国家机制背景条件和地方机制背景条件的差异上。正是因为两国城市参与中美人文交流的能力具有不对称性，加之机制本身也具有复杂性、政府与非政府行为体互动和多层次性等特点，因此中美城市在人文交流领域的合作具有脆弱性、敏感性和不平衡性等特点。

着眼未来，在中美人文交流的机制相对稳定，双方交流数量与质量不断提升，相互依赖不断加强的前提之下，应进一步推动中美城市间的人文交流，夯实中美关系发展的社会基础。鉴于现有机制运行中的一些问题，有关方面应做到如下几点：塑造相互尊重、开放包容的人文交流精神，克服两国间存在的政治制度、价值观和意识形态等差异；开展覆盖广泛、重点突出的人文交流活动，吸引更多的民众参与中美人文交流；促进政府机构和非政府机构的联系互动，官民并举推动人文交流活动；统筹协调，促进国家与次国家层面的机制互动。

第四章　G20 杭州峰会：中国参与全球经济治理主场外交*

任　琳**

［**本章导读**］全球经济治理面临着相当艰巨的任务，全球政策篮子里再也找不出新的对策。可以说，旨在为全球经济治理汇集各方建议和贡献中国智慧的杭州 G20 峰会恰逢其时。为世界经济注入新活力和新智慧的 G20 杭州峰会，也是中国参与全球经济治理的一次主场外交。

旧的政策工具失灵，就需要另辟蹊径。世界经济亟需应对的问题包括增长动力欠缺、需求不振、金融市场动荡、贸易和投资不景气等。主要发达经济体国家，例如美国和日本，一贯主张使用短期政策来刺激经济，但收效甚微，世界经济面临的压力只增不减。当短期经济调控工具的使用已经到顶，世界经济的问题却未曾有明显好转。在这种状况之下，人们对世界经济表现出极端的焦虑。

借 G20 杭州峰会的契机，中国向世界分享了全球治理的中国对策和理念。这些治理理念关注创新、活力、联动和包容，并提出了具体的行动纲领和实践，为治理全球经济献计献策，例如，中国提出了结构性改革和倡导全球经济互联互通等对策建议。中国提倡用定位中长期的经济

* 本章主要内容曾发表于《当代世界》2016 年 10 月刊。

** 任琳，中国社会科学院世界经济与政治研究所国际战略研究室副主任、副研究员。

结构改革，替代对短期刺激政策的高度依赖，重视发展的质量，从根本上寻找经济增长的动力源，这符合长期经济的发展规律。以德国为例，德国在过去动荡的区域和全球经济中仍然保持一枝独秀，与其 1970 年左右的结构性改革分不开。健康的经济结构确保了德国经济可以抵御外部风险，保持增长活力。

因此，在短期刺激用到极限，且短期政策刺激带来的“负面外溢效应”不断涌现，全球政策篮子已然“技穷”之际，杭州 G20 峰会显示了中国积极参与全球经济治理的决心和为改善世界经济提供公共产品的诚意。在中国杭州主场办会，为中国分享全球经济治理的中国智慧和开展经济外交提供了重要的平台和契机。

一、杭州峰会“主场外交”紧扣4 个 I 主题

在接过承办 G20 峰会的接力棒后，中国很快将杭州峰会的主题确定为“构建创新（Innovative）、活力（Invigorated）、联动（Interconnected）、包容（Inclusive）的世界经济”。借助这“4 个 I”，中国向世界传递了参与全球经济治理的基本理念构想。

首先，创新是杭州峰会的重要主题。峰会公报中多次强调要创新发展方式，发掘新的潜在增长动力。人类历史的每一次进步，世界经济的每一次飞跃，都离不开科技和工业革命的驱动。而目前世界经济疲软的重要原因之一，就是上一次技术创新带来的驱动力已经用得差不多了，新的驱动却未及时替代。因此，我们要实现重振世界经济的目标，需要从创新入手。政策的创新、技术的创新、人力资本的创新等，都是提振世界经济的重要动力源。

其次，峰会成果中，我们看到 G20 成员国对提振全球经济活力的共识和努力。面对全球经济长周期的下行趋势，我们要另辟蹊径，寻找全球经济的新活力，构筑健康、活力和可持续增长的世界经济。一个重要体现就是，向贸易和投资要活力，激发它们对世界经济增长的潜在推动

力。其中，减少全球贸易和投资的壁垒，为全球贸易和投资制造便利化的外部政策和制度环境，是促进全球贸易和投资发挥潜在力量的重要保障。

再次，联动是我们应对经济全球化的客观现实和必然选择。如今的世界各国都处在一个前所未有的相互依赖关系之中，一国或一个地区发生的事情，可能很快就会波及其他国家和地区，可谓“一荣俱荣，一损俱损”。面对金融危机、恐怖主义和传染病等全球性问题，没有一个国家可以独善其身，因此这种全球的联动是一种客观现实。面对这种客观现实，我们非常有必要在全球范围内开展政策协调——不仅仅是在几个主要经济体之间，还需要有南北对话和南南对话。借助 G20 这个平台，几个主要的发达经济体和新兴经济体进行政策沟通和协调的迫切性不断上升。各成员国作为世界主要经济体，也需要做出表率，为全球治理提供公共产品。例如作为东道主的中国，在过去很长一段时间内，都在为世界经济的增长做出重要贡献。即使是在目前世界经济复苏缓慢的客观环境之下，中国依然持续保持了高达 6.7% 的中高速增长，大大高于世界经济增长的绝对水平，为世界经济增长提供了大量的公共产品。特别是“一带一路”倡议提出后，中国更是做出表态，欢迎沿线国家搭上中国经济增长的列车，快车也好，便车也好。

最后，包容主题包括很多方面：一是倡议包容性的国际制度，反对排他性（贸易和投资）规则、歧视性规则和非中性规则对世界经济的损害；二是重视包容性发展，重视发展中国家的利益诉求。全球各国都共处一个命运共同体，发展中国家也是这个共同体的重要组成部分。中国是世界上最大的发展中国家，能够想发展中国家之所想，杭州峰会邀请的嘉宾国主要是发展中国家。此外，在议题设置方面，杭州峰会重视发展议题，解决发展中国家在发展中遇到的棘手问题，倡导可持续发展。

二、G20 机制的全维度

2016 年堪称 G20 中国年，中国不仅借助经济外交“走出去”，还

“引进来”，而且让世界对 G20 这一治理平台有了更加直观和深刻的认识。G20 作为新兴的全球经济治理协调平台，并非只有峰会机制“孤军奋战”，而是由一套丰富的机制与系列会议共同构成的。其理由如下。

第一，G20 的架构越来越丰富。先是有“三架马车”，即前任、现任和后任主席国。再者，不仅仅是峰会，G20 由峰会、财金轨和工作组等一系列会议共同组成。此外，我们看到除了 G20 外，还有 B20、L20、Y20 和 T20 等。

第二，G20 不仅仅是大国经济外交的平台，还囊括了南南合作与南北合作等全面的合作形式。世界主要经济体，包括发达经济体国家、新兴经济体国家以及杭州峰会邀请的发展中国家代表，在 G20 会议上共商对策。

第三，G20 与既有的国际组织和机构彼此协调，共同合作。一方面，不少多边国际机构为 G20 提交报告，献计献策。另一方面，作为非正式的国际机构，G20 的执行力有待加强，而与其他成立时间相对长久、运行程序和组织机构相对成熟的国际组织对接工作，将有助于增强 G20 本身的执行力。G20 与其他多边国际组织的互动体现在很多方面，包括金融稳定理事会（FSB）为 G20 峰会提供推进全球金融治理改革的建议；围绕贸易便利化和全球价值链等重要议题的讨论，与世贸组织（WTO）和经合组织（OECD）等国际组织开展对话；此外，国际劳工组织（ILO）也围绕就业问题与 G20 开展对话。

最后，需要强调一点，类似 OECD 等被称为 G20 智囊的多边国际组织依然是由发达国家主导的，它们在一定程度上影响了议题设定的方向，因而发展中国家和新兴国家的利益尚未得到充分体现。今后，有必要培育或加入一批优秀的、可以代表新兴国家和发展中国家声音的多边国际组织，参与到 G20 智囊团的工作当中。这样，可以在 G20 的组织框架下有效塑造更为中性、非排他性和具有代表性的规则，进一步维护发展中国家和新兴国家的根本利益。

三、金砖国家之间的立场协调

本次杭州 G20 峰会让我们看到了南南合作的重要性。在峰会开始前，我们举行了金砖国家领导人非正式会议。其实，之前在 G20 的发达经济体国家（G7 国家）之间也会有自己的碰头会，在 G20 峰会开始之前提前协调立场。如此，在 G20 的会场上，它们可以集体出声，大大增强了发达国家对全球议题的议程设置能力。G20 由发达经济体 G7（8）和新兴经济体国家（E11）共同组成，在议程设置能力相对弱的新兴经济体国家之间更应该提前通气，坐下来谈谈新兴国家的利益攸关点是什么、大家对 G20 治理平台的期待是什么。在新兴国家之间先行达成共识，作为一个集体，共同发声，非常有助于增强新兴国家的国际话语权，进一步确保大家的共同利益，防止利益受损。而杭州 G20 峰会，在作为新兴国家“领头羊”的金砖国家之间举办非正式协调会议，可以是一个在新兴国家之间增进对话、协调与合作的开始。

目前，外部质疑纷纷，还有人提出“金砖褪色”论，理由是巴西负增长、俄罗斯经济不景气、南非失业率高。面对外界质疑，首先应认识到目前经济困难是一个全球现象，并非金砖国家所特有，整个世界经济正处于新旧动能转换的特殊历史阶段。此外，越是在困难时期，新兴国家、金砖国家就更应该坐在一起，讨论如何解决目前面临的挑战，共同予以应对。

除了增强国际话语权外，在新兴国家之间提前协调立场还提高了 G20 的议事效率。当每个主要群体都提前达成了一致，知道了自己的群体诉求，大家都坐在 G20 的讨论桌前时，议事效率自然大大提高了。如果不同群体之间可以求同存异，进行有效沟通，求得最大公约数，G20 作为全球经济核心治理平台的效率也就因此提高了。

四、展望：G20任重道远

中国成功地举办了G20杭州峰会，向世界展示了中国参与全球经济治理的诚意和能力。未来相当长一段时期内，外部世界仍将充满不确定性和潜在风险，需要大家共同的智慧予以应对。就G20组织本身来说，它依然面临着巨大的压力和挑战。

第一，在自身建设方面，G20要提高执行力。习近平主席在发言中也提到G20要重行动力，G20要“成为行动队，而不是清谈馆”。G20在创立伊始是一个全球经济协调机制。在危机时刻，它定位于危机应对，如今则定位在解决全球经济疲软等常规性、中长期议题方面。然而，不管是在什么时期，G20作为一个重要的治理平台，不仅要在理念层面取得成员国共识，更要落实到实践层面的执行力上。在杭州G20峰会上，我们看到了诸多的中国努力，将建议落实到实实在在的行动成果上，具体体现在创新、结构性改革、数字经济等诸多问题领域。之后，德国将接棒G20峰会主席国，接下来还有更多的成员国会相继接棒。面对外部不确定性的增加和G20本身作为非正式协调机构的客观原因，在接下来的工作中，仍需思索如何在确保其灵活性和包容性的优势基础上，既能增强行动力，又在执行层面将讨论成果转化为现实成果。

第二，推动各主要经济体在大选后继续积极参与G20的工作。不远的将来，美、法、德等主要发达经济体都将举行大选，给G20在未来开展工作带来极大的不确定性。以发达国家新一代领导人为例，他们对G20合力应对全球经济危机的印象并不深刻，反而对诸如英国脱欧等事件有直接的感观，体会到外部民粹主义抬头的氛围，在对外行动中很有可能怀有很深的国家主义保护意识。新一代主要经济体国家的领袖将继续参与到今后的全球经济治理工作中，在对G20的重视程度、治理理念和参与深度等方面的认识都尚需时间进行磨合。这将在很大程度上决定未来的G20是否能够如期开展工作：G20是否会陷入保护主义？还是继续坚持经济一体化和贸易自由的主张？以及G20作为一个全球经济治理核心平台的分量如何？

第三，G20仍需大力倡导共建包容性治理规则，整合碎片化的贸易与投资规则。以全球贸易治理的情况为例，参考联合国贸易与发展会议的数据，全球各层级和不同群体之间达成的区域贸易协定数额达到400多个。这一数字仍有递增趋势。其他形式的贸易壁垒也不断涌现，例如贸易限制措施。单就G20成员国来说，2015年10月至2016年5月，出台的贸易限制措施月均20项，累计达145项之多。碎片化的贸易规则切断了全球价值链，不利于全球经济的健康发展。特别是塑造排他性的贸易与投资规则的图谋，例如TPP，更是与G20峰会提倡的包容精神南辕北辙。从根本上治理全球经济，非常有必要倡导构建一个包容性的、开放的、非歧视的全球多边贸易或投资规则体系，起码首先从20个主要经济体开始，减少全球经贸与投资中的排他性的制度障碍，让知识和资源都能够在全球范围内得到合理的配置，为推动经济增长发挥重大作用。

可见，未来的G20作为全球经济治理的核心平台，在确保合法性、有效性和影响力等方面，依然是任重而道远。G20升格为峰会伊始，仅作为危机应急机制发挥作用，而随着职能的常规化转型，其不仅要纳入中长期议题，更要增强危机预警能力，以防范未来世界中的不确定性。

下 篇

城市外交

第五章　2018 年中国内地主要城市对外交往活力指数

于宏源*

［本章导读］城市对外交往活力既是城市一系列活动最后产生的效应，也是城市对外交往产生的结果。中国城市正在全球城市网络中不断升级和延伸自己的功能。与已经发展成熟的国际大都市相比，中国城市对国际社会的影响还在不断演进中。城市的对外交往活力体现在社会、文化、经贸及外事四个领域。为了进一步丰富发展城市对外交往研究的科学内涵，为深入研究打下坚实的方法论基础，本研究以城市对外交往活力指数为基础，使用新的测量方式，构建出城市对外交往活力指数，并以此指数分析了中国内地 49 个主要城市（直辖市、省会城市、沿海开放城市、GDP 排名在全国前 20 位城市等）的对外交往情况，以期为未来城市规划设计以及均衡发展研究提供科学依据。

以全球化为背景以及随着非国家行为体能力的日益增长，城市在国际社会中的经贸合作、文化交流、全球生态、医疗卫生等多个领域不断扩大自身影响、深化作用并为全球治理提供独特的物质、智力支持。目前，一方面，以伦敦、纽约、东京等为代表的全球城市正在世界经济增长、气候变化、可持续发展方面做出大量贡献；另一方面，学界对于全

* 于宏源，上海国际问题研究院公共政策所所长、研究员。

球城市的研究也方兴未艾。对于全球城市的研究，既包括综合的整体性研究，也包括关注单一领域的专门性研究。中国的发展离不开世界，世界同样离不开中国。中国城市也随着国家实力提升、国际地位增长而在全球城市网络中不断更新和拓展自己的功能。随着中国整体外交的发展，中国城市作为次一级行为体与世界的交往也日益密切。因此，为了进一步深化城市对外交往研究，需要以经贸、社会、文化、外事四个领域为基础，构建出城市对外交往活力指数，从而为未来中国城市规划设计以及均衡发展研究提供相应的科学依据。

一、城市对外交往活力的理论框架体系

（一）全球城市指标体系

城市是人类生活的重要载体，在现代人类文明中占据了中心位置，因而人类愈发注重对城市建设和发展的分析、评估和反思。晚近以来，全球多个机构先后建立起覆盖全球或某一地区的综合性城市评价体系，其中有部分评价体系因指标覆盖全面、数据权威翔实、评价客观公允而被广泛参考和引用，为城市的规划者和管理者提供了重要参考。①

当前，主流的全球城市评价体系按照其指标构成和关注领域可以分为两类：

一类是涵盖多个领域的综合性城市评价体系。此类城市评价体系的指标体系较为庞杂，往往包括数个“一级指标”和数十个“二级指标”，对经济、研发、文化交流、环境、宜居等多个方面进行考察，进而力求得出全面的城市评价结果。较具有代表性的有外交政策（Foreign Policy）联合芝加哥城市委员会（Chicago Council）与科尔尼公司

① 实际上，除了本章正文部分所列出的全球城市评价体系外，较具影响力的还包括：美国国家环保局等打造的“可持续发展社区综合指标体系”、世界银行提供的“全球城市指标”、美国巴克内尔大学等打造的“全球城市竞争力指标体系”等。详见：上海国际问题研究院城市外交课题组：《城市对外交往活力指数研究报告》，2015 年 7 月 22 日，http：//www. siis. org. cn/uploadfile/2015/1022/20151022070459148. pdf。

（A. T. Kearney）共同发布的“全球城市指数”、国际研究协会有限公司（AIRINC）的“全球150城市指数”、日本森纪念财团（GPCI）发布的“全球城市实力指数”以及联合国人居署（UN Habitat）开展的“城市指标项目”。

上述城市评价体系均具有“领域全”“指标细”“城市多”三个特点。具体来说，“全球城市指数”基于商业活动、人力资本、信息交换、文化经验以及政治参与这五个方面对全球128个城市进行了比较。①“全球150城市指数”基于“生活方式”与“经济情况”两个方面对全球150个城市进行了排名，其中“生活方式”考察了生活品质与社会福利，而“经济情况”则关注了收入水平、花费与税收。②“全球城市实力指数”从经济、研发、文化互动、宜居、环境、友好性六个方面考察了70项指标，并且对全球42个城市进行了排名。③“城市指标项目”则对人口、街道、交通、健康教育等十个方面的103项指标进行了考察，基于此对全球741个城市进行比较。④

综合性城市评价体系往往赋予非经济类指标以更大的权重，特别重视环境保护、公共政策参与、人居环境等与民生相关的“软性指标”。“全球城市指数”赋予非经济类指标以70%的权重，其中信息、文化和政治参与共占据了40%的权重。“全球150城市指数”关注的指标并非国民生产总值等传统意义上的经济指标，而是诸如收入水平、税收等民生类指标。“全球城市实力指数”虽然没有直接赋予各项指标以明确的权重，但经济指标对城市综合排名的影响不超过30%，相比之下，宜居、环境、友好性等指标的影响力明显大于经济。

① A. T. Kearney，*Global Cities 2017：Leaders in a World of Disruptive Innovation*，2017－5－15，https：//www. atkearney. com/documents/10192/12610750/Global＋Cities＋2017＋－＋Leaders＋in＋a＋World＋of＋Disruptive＋Innovation. pdf/c00b71dd－18ab－4d6b－8ae6－526e380d6cc4.

② “AIRINC Global 150 CitiesIndex”，Associates for International Research，Inc，2017－8－28，http：//airshare. air－inc. com/airinc－global－150.

③ The Mori Memorial Foundation and Institute for Urban Stategies，*Global Power City Index 2016*，2016－10－15，http：//mori－m－foundation. or. jp/pdf/GPCI2016_ en. pdf.

④ “UN－Habitat Urban Data”，UN－Habitat，2017－8－28，http：//urbandata. unhabitat. org.

另一类是主要关注单一领域的专门性城市评价体系。此类城市评价体系专注于分析和探讨诸如环境保护、可持续发展、科研创新能力与房价等某一具体领域。相比综合性城市评价体系，此类城市评价体系的所设指标较少，虽然无法提供全局性分析，但其评价结果具有更强的针对性。较具代表性的有西门子和经济学人智库（EIU）联合发布的“亚洲绿色城市指数”、万事达信用卡公司发布的“全球目的地城市指数”、莱坊国际（Knight Frank）提供的“主要全球城市指数”、世界商学院（INSEAD）发布的“全球智力竞争指数”以及阿卡迪斯（Arcadis）发布的“可持续城市指数”。

上述城市评价体系对城市发展的单一领域进行了细致的探讨。具体而言，“亚洲绿色城市指数”对 22 个亚洲城市在交通、垃圾、水资源、卫生、二氧化碳排放等八个方面分别进行了评估；① “全球目的地城市指数”通过对信用卡的消费记录得出全球前 20 的目的地城市；②“主要全球城市指数”聚焦于全球城市的房价涨幅，对全球 41 个主要城市的房价涨幅进行了排名；③ “全球智力竞争指数”从技能使用、全球知识创造等六个方面对 19 个指标进行了考察，对全球 46 个城市的科研竞争力进行了排名；④ “可持续城市指数”从人的可持续、地球的可持续以及营收的可持续这三个方面对全球 100 座城市的可持续发展水平进行了评估，为衡量这些城市的可持续发展能力提供了重要参考。⑤

需要指出的是，不少专门性城市评价体系对城市发展的可持续性给

---

① Economist Intelligence Unit, *Asian Green City Index*, 2011 - 2 - 14, https: //www. siemens. com/press/pool/de/events/2011/corporate/2011 - 02 - asia/asian - gci - report - e. pdf.

② Mastercard, *Global Destination Cities Index 2016*, 2016 - 9 - 15, https: //newsroom. mastercard. com/wp - content/uploads/2016/09/FINAL - Global - Destination - Cities - Index - Report. pdf.

③ Knight Frank, *Prime Global Cities Index*, 2017 - 4 - 10, https: //kfcontent. blob. core. windows. net/research/323/documents/en/q1 - 2017 - 4641. pdf.

④ The Business Shool for the World, *The Global Talent Competitiveness Index: Talent and Technology 2017*, 2017 - 1 - 16, http: //www. gtci2017. com/documents/GTCI_ 2017_ web_ r3. pdf.

⑤ ARCADIS, Sustainable Cities Index 2016: Putting People at the heart of city sustainability, 2017 - 3 - 1, https: //www. arcadis. com/media/0/6/6/%7B06687980 - 3179 - 47AD - 89FD - F6AFA76EBB73%7DSustainable%20Cities%20Index%202016%20Global%20Web. pdf.

予格外关注。“亚洲绿色城市指数”和“可持续城市指数”都聚焦于城市的可持续发展，其中前者更侧重环境保护与环境可持续发展，而后者还涵盖了城市居民与城市经济发展的可持续。当前，以降低污染物排放、使用清洁能源、人的平等发展以及商业的健康持久获利为核心的可持续发展愈发受到重视，因此对可持续发展进行的专门性城市评价体系在未来将更具价值。

（二）城市对外交往理论和城市指数

1. 城市对外交往、城市对外交往基础与城市外交的联系和区别

从社会科学的角度来看，“交往”无疑是外延极大、较难定义的概念。要对城市对外交往进行清晰、精确的定义，我们就需要将城市对外交往与其他相类似的概念如城市外交、城市国际化进行区分。同时，城市对外交往虽然是一个较为新颖的概念，但也是建立在过往相关研究基础之上的，因此进行相关研究的文献回顾是必要的。城市外交与城市对外交往有着密切的联系。从广义的角度而言，城市外交可以被看成一种城市对外交往。从狭义的角度而言，城市外交被定义为是国家总体外交的有机组成部分，城市作为国家战略的重要抓手，参与到国家间政治事务之中。例如，国内学者熊炜等认为城市外交最突出的特征是“与国家总体外交的统一”。学者谷宁等认为缔结友好城市是城市参与服务国家总体外交战略和参与“低政治”领域的外交事务的行为。[①] 在交往领域，城市的交往涵盖了经贸、文化、旅游、教育、医疗等各个方面。总体上看，对城市外交的研究停留在个别城市如何做好地方外事工作的技术性层面的探讨上。《城市外交：理论争辩与实践特点》一文将城市外交定义为：城市配合国家总体外交，在中央政府的授权和政策指导下参与国际交往的活动。[②]《城市外交：探寻全球都市的外交角色》一文认为：城市外交是在中央政府的授权和指导下，某一具有合法身份和代表

① 谷宁：“浅议海口市城市外交”，《新东方》2012 年第 6 期。

② 熊炜、王婕：“城市外交：理论争辩与实践特点”，《公共外交季刊》2013 年第 1 期，第 14 页。

能力的城市当局及其附属机构，为执行一国的国家对外政策和谋求城市安全、繁荣和价值等利益，与其他国家的官方和非官方机构围绕非主权事务所开展的制度化的沟通活动。①

通过对于城市外交定义的讨论，可以进一步明确城市对外交往的概念和内涵。一方面，城市对外交往与城市外交具有一定的交集，广义的城市外交就是城市对外交往。另一方面，城市对外交往与城市外交还存在着一定的差异，主要体现在如下两个方面：首先，二者的主题不同。城市外交主题具有鲜明的政治性，其主要目的在于通过外交提升城市服务于国家总体外交的水平，从而实现国家以及城市所制定的战略目标。而城市对外交往的目的则更为多元。与城市外交不同，城市对外交往更多是城市自然形成的、由社会各组成部分共同参与的、带有多样目的的对外互动活动。与城市外交集中于政治目标不同，城市对外交往还包括其他目标，比如企业的国际化、参与国际公民社会建设、开阔个人的视野等。其次，二者的主体不同。城市外交的主体归根结底还是政府。虽然在实际操作过程中，城市外交可以采取多种形式，以民间组织、企业等为抓手，但其主要协调机构和服务对象依然是政府。相对而言，城市对外交往的主体更为多元，其中既包括政府，也包括企业、非政府组织、社会团体乃至个人。

城市对外交往活力的概念建立在城市对外交往概念的基础上。何为城市对外交往？明晰这一概念的关键在于理顺城市对外交往与城市对外交往基础和城市外交三者之间的关系。本章认为，城市对外交往是沟通城市对外交往基础与城市外交三者之间的中间变量。一方面，城市对外交往基础支撑着城市对外交往。所谓城市对外交往基础是指影响城市对外交往的各项资源，例如国际化程度、可持续发展程度、竞争力程度等。既有的全球城市指标或国际化程度指标体系都可以被看成是衡量城市对外交往基础的有效指标。另一方面，城市对外交往与城市外交存在着相互塑造、相互影响的关系。城市外交可以被看成是城市对外交往在

① 赵可金、陈维：“城市外交：探寻全球都市的外交角色”，《外交评论》2013 年第 6 期，第 69 页。

政治领域的投射，城市对外交往包含了城市外交。同时，城市外交有时也会超越城市对外交往，甚至引领城市对外交往。例如，北京通过2008 年奥运会、上海通过2010 年世博会等大型外事活动，大大提升了城市对外交往水平。

2. 具有代表性的城市研究相关指标体系

本研究的关键在于提出一个具有创新性的城市对外交往活力指数。在介绍本指数之前，有必要对既有的城市研究相关指标体系进行回顾。目前，城市相关指数主要集中于城市可持续发展和竞争力发展等方面，其中比较具有代表性的有以下五个指标体系：

（1）世界银行的“全球城市指标”

“全球城市指标”（Global City Indicators）项目由世界银行城市局牵头，全球城市指标机构（GCIF）负责执行。该指标包括城市服务（City Services）和生活质量（Quality of Life）两大类别，涵盖了城市管理领域共 20 项主题，对各项城市服务和生活质量因素进行衡量。城市服务包括由城市政府和其他实体提供的服务，具体涵盖了教育、财政、娱乐、行政能力、能源、交通等 13 项主题。生活质量包括促进总体生活质量提高的关键因素，但政府对这些因素的直接控制很少，具体涵盖了公众参与、经济、住房、文化、环境、社会公平、技术与创新等 7 项主题。有关这些主题的城市表现由一系列指标来衡量。指标筛选程序非常严格，以确保其具有清晰、明确、简单、便于理解的特点。

（2）联合国人居署的“城市指标项目”与“城市发展指数”

联合国人居署的“城市指标项目”（Urban Indicators Programme）主要用来监测与评价全球城市“人居议程”和“千年发展目标”的实施进展状况。该项目开发了包括“城市发展指数”（City Development Index）在内的数个城市发展水平评价指标，构建了全球多个城市参与的信息监测与收集网络，形成了功能较为强大的城市数据库系统。

（3）英国“未来论坛”的“可持续城市指数”

“可持续城市指数”（Sustainable Cities Index）由英国非营利性环保组织“未来论坛”（Forum for the Future）于 2007 年建立，它考察了城市在社会、经济和环境各方面的表现，囊括了13种具体指标，对城市环境、生活品质以及未来保障这三方面进行了评价。从2007年起，“可持续城市指数”通过严谨的动态数据比较，每年跟踪英国20个最大的城市在可持续发展上取得的进步。该指数旨在通过城市间排名突出城市的成就，鼓励良性竞争，同时也帮助这些城市和居住在其中的人们全面减少环境破坏，提高生活质量，走上可持续发展的道路，对未来的挑战做好准备。

（4）全球城市竞争力指标体系

全球城市竞争力项目（GUCP）始于2005年，由美国巴克内尔大学、中国社会科学院城市与竞争力研究中心等全球多国研究机构学者组成的团队共同开展，已连续四次发表《全球城市竞争力报告》（双年度）。全球城市竞争力项目的最新研究报告《全球城市竞争力报告（2011—2012）》所采用的全球城市竞争力指标体系包括全球城市竞争力产出指标体系、全球城市竞争力要素指标体系和全球城市竞争力产业竞争力指标体系。

（5）伦敦世界城市文化指数

《世界城市文化报告》所采用的定义分类和框架体系均基于联合国教科文组织1986年的文化统计框架。该报告对目标城市选取的原则是基于该城市在全球经济和金融体系中所处的地位，并保证目标城市基本来自全球不同地区。目前共选取12个世界城市：德国柏林、土耳其伊斯坦布尔、印度孟买、中国上海、美国纽约、巴西圣保罗、南非约翰内斯堡、澳大利亚悉尼、英国伦敦、法国巴黎、新加坡新加坡城和日本东京。该报告中提出的文化统计框架主要由两部分构成：世界城市文化基础设施及产出、世界城市文化消费及参与。同时，报告又将这两个部分所涉及的指标重组为六大主题部分，以便于进行横向比较和研究，这六个主题包括文化遗产、文化培养、表演艺术、电影与游戏、文化人才、文化交往活力与文化多样性。

从以上指标体系看，目前对城市的排名依据是多样化的，涵盖了可持续发展、全球治理、机会、宜居、创新、竞争力和幸福感等领域。这些指标并未聚焦于城市对外交往的研究，其中较相关的研究是关于全球化和国际化都市的排名，如这类排名集中于具有成为世界城市发展潜力的排名，如全球化竞争力指数、全球化城市指数等。从排名的对象上看，这类指标大部分的排名对象都是各国体量和影响力较大的城市。指标把纽约、巴黎等国际大都市作为标杆，量化测量中国大都市与它们的差距，没有系统地针对中国城市的国际化排名的指数。总之，对城市对外交往的研究仍属于新兴领域，总体上缺乏对城市对外交往的定量、科学、全面的比较性研究。

（三）构建城市对外交往活力的概念

与城市国际化程度、竞争力程度等基础性结构性变量相比，城市对外交往侧重于交往互动的进程；与城市外交这一带有具体政治目的的战略举措相比，城市对外交往更为多元，体现了城市在一般情况下与世界其他地区发生联系的实际情况。而且，与城市外交聚焦政治领域不同，城市对外交往还应该聚焦于经济、文化、社会等方面，体现其多维度的特征。因此，城市的对外交往活力是连接城市对外交往能力与其在国际社会实际对外交往影响力的中观概念和中间变量。以往涉及城市外向性的指数大多注重城市的经济、产业结构、基础设施建设、教育、生活便利度、自然环境、公共交通等指标。这些因素是提高城市对外吸引力，增加城市交往体量和容量的要素，但不是城市具有交往能力的必要条件。在后发国家中，城市对外交往活力可能滞后于或领先于城市本身的现状。同样，城市对外交往活力既是城市一系列活动最后产生的效应，也是城市对外交往产生的结果。中国城市正在全球城市网络中不断升级和延伸自己的功能，与已经发展成熟的国际大都市相比，中国城市对国际社会的影响还在不断演进中。在本研究中，我们对城市对外交往的理解如下：

第一，城市外交服务于国家总体外交。其核心目标在于维护国家利益，提升国家软实力，推广国家核心价值观。同时，城市外交也是探索特大型国际城市治理规律的重要抓手。城市外交牵涉方方面面，既与城市的市政建设和经济发展等硬实力相关，又与城市文化、市民素质、社会活力等软实力相关。城市外交根本上是一个城市内部治理的外向辐射。例如，作为中国经济发展中心、国际化程度最高的特大城市，上海的发展已经到了创新转型的重要节点，以往强调经济增长和基础设施建设的发展模式难以持续，而新的增长点和发展模式则需要城市将更多的资源和力量投资于城市软实力的发展上。在此背景下，上海发展城市外交可谓恰逢其时。对内，城市外交开展体现了处于全面改革背景下的上海锐意进取、积极改革的姿态；对外，城市外交可以体现上海城市精神，争取国际舆论，为上海乃至中国未来的转型打造良好的国际舆论话语体系。

第二，中国城市在国际和区域合作、制度设计与建设方面的角色和作用越来越明显和重要。一方面，城市外交要求政府改变“政府无所不能”“外交是政府的事情”等传统观念，对公民参与公共外交持积极态度，为公民参与公共外交提供指导和平台，加快培养一批具备外交能力的国际活动人员，推动国际非政府组织的建立和发展。另一方面，城市外交建设要求民众改变“国事与己无关”的观念，培养各种与他国和他国人民交往的能力，理性、有序、专业地参与维护国家利益的活动。

第三，城市外交要求搭建民间对外交往的平台，拓展民间对外交往渠道及形式，加大民间对外交往力度。一方面，充分实现外交资源共享，多管齐下，形成合力，例如鼓励各种行业协会、学会、妇联、青联、学联等走上国际舞台，大胆活跃地参与国际对话，积极地参与各种国际问题的讨论与解决。另一方面，需支持促进社会组织在国际上开展活动，展示良好形象，扩大国际影响力。作为现代化大都市的重要组成部分，社会组织体现了“城市的社会活力”和整体市民的精神道德品质，而一个城市的国际化水平也体现在其是否拥有一批具有全球影响力的社会组织上。提高众多扎根于民间的社会组织的国际化水平和涉外交往能力已经成为提升整体城市国际化水平的重要一环。

二、城市对外交往活力指数的模型与指标构建

城市是信息流通、货物运输、人员交往、资金流动的节点，作为非国家行为体，其在国家对外交往中日益发挥重要的作用。改革开放之后，中国城市与国际社会的交往不断加深。每个城市由于自身的地理区位、支柱产业、资源禀赋迥异，在与国际社会交往中形成了不同的风格、层次和战略。我们认为城市对外交往的活力表现在城市经济、政治、文化和社会交往的深度、广度上。具有良好效度（Validity）和信度（Reliability）的城市对外交往活力测量指标需涵盖社会、文化、经济与政治四个维度。国际传播是世界各国政府之间、人民之间的一种相互关系和相互影响。城市的对外交往是一种以城市为主体在世界各国人民之间进行国际传播的途径，城市的对外交往活力则尤其强调各城市之间的人民在政治、社会、经济和文化方面互动的行为和能力，因此本研究的一级指标主要从这四大方面设定。活力是一个城市发展程度和城市精神的重要体现，然而人参与政治、社会、经济和文化活动及互动行为又是城市对外交往活力的关键因素，因此本研究的二级指标应着重考察体现人参与政治、社会、经济和文化活动及互动行为的国际性指标。考虑到数据的获得和可操作性，课题组对指标的设计如下：

（一）城市在社会领域的对外交往活力

社会交往与政府之间的官方交往对应，具有民间性和自发性的特征。社会是人类各种关系的综合，城市在社会领域的对外交往能力聚焦于城市社群与外界发生的社会关系。二级指标由外籍人员居民数量、国际航班数量、国际会议数量、国际会展数量以及城市居民持有护照数量组成。

（1）外籍人员居民数量：居住在城市的外籍人员需要与当地的居民进行常规的各方面交往。外籍人员居民数量反映了城市对外交往的

层级。

（2）国际航班数量：国际航班数量一方面由城市的地理位置所影响，另一方面亦反映城市在世界交通网络中的纽带作用。

（3）国际会议（会展）数量：国际会议和会展聚集国际专业人士、企业在城市中交流专业知识以及展示公司产品，体现各界人士与外界交流的信息和知识流量。

（4）居民持有护照数量：护照是出国的必须证件，用于比较不同城市居民出境的意愿和与外界的联系密切程度。

（二）城市在文化领域的对外交往活力

根据著名文化人类学家泰勒的定义，“文化是包括知识、信仰、艺术、道德、法律、习俗和任何作为一名社会成员而获得的能力和习惯在内的复杂整体”。城市作为次国家主体，其在文化领域的交往往往集中在物态文化层（衣食住行）和心态文化层（价值观、思维方式以及由此产生的文化艺术作品）。具有较强文化交往能力的城市大多呈现出文化的多元性、包容性特性。衡量社会交往活力的二级指标由国际艺术演出数量、市民外文水平、外国口味餐馆数量构成。

（1）国际艺术演出数量：来自国外的艺术表演，包括演奏会、演唱会、话剧、舞剧等形式的演出。艺术表演的数量体现城市在文化交往中的层级。

（2）市民外文水平：一个国家的语言是其文化的重要组成部分，也是与使用该语言的文化体进行交流的必要工具。市民的外文水平可以反映城市整体对外交流的能力。

（3）外国口味餐馆数量：对外文化交流还可在饮食文化中得到体现，巴黎、纽约等大都市中几乎可以寻找到世界上大部分国家口味的餐馆。

（三）城市在经贸领域的对外交往活力

城市之间的交往活动不同于国际层面的交往，其所涉及的领域更加具体。一般而言，一座城市的外向程度基于其经济的外向性。该城市的进出口贸易额、涉外税收和对外直接投资三项数据从资金交流角度展示了该城同外国的交往水平，而其对外国资本的吸引力则直接体现在该地的外企数量和合资企业数量上。这些企业的绝对数量体现了城市在经贸领域的外向性程度，企业年度或季度的增长率体现了城市在经贸领域对外交往的活力趋势。基本而言，一所城市在经贸领域的外向性水平同这些数据呈正相关的关系，而该城市在经贸领域的对外交往活力往往直接决定了其整体的对外交往水平。城市经贸领域交往活力二级指标由进出贸易额、外企数量、合资企业数量、涉外税收和对外直接投资等组成。

（1）进出口贸易额：进出口贸易又叫“国际贸易”，指跨越国境的货品和服务贸易，一般由进口贸易和出口贸易组成。

（2）外企数量：是生产力发展水平的集中反映。作为地方税收和地方对外经济工作的重要组成部分，地方城市涉外税收规模的扩大反映出地方利用外资水平的不断加强。

（3）合资企业数量：主要指外商投资企业，即企业的全部资本是由外国投资者投资的，企业的利润、风险和亏损也由外国投资者独立承担。

（4）涉外税收：指为了维护国家利益，对外商投资企业与外国个人所征收的税收。

（5）对外直接投资：指企业以跨国经营的方式所形成的国际间资本转移，体现的是特定地区资本“走出去”的程度。

（四）城市在政治领域的对外交往活力

城市与国际组织、国家和地方政府在地方治理和其他国际事务中的互动日益频繁。城市政治交往的二级指标由领馆数量、外国领导人访问数量、国际组织数量和友城数量组成。

（1）外国政要来访人次：外国领导人的访问次数是衡量一所城市内在吸引力的因素之一，城市的对外交往程度与高层领导来访数量呈正相关趋势，而且政府高层的访问有利于提升城市的对外交往水平。

（2）领事馆数量：领事是一国政府经另一国政府同意或根据同另一国政府达成的协议派驻对方国家的特定城市并在一定区域内执行领事职务的政府代表。领事馆是领事代表机关，领事关系从属于国家外交关系，是外交关系的延伸。一个国家是否建立领事馆以及建立哪一种领事馆通常根据该地点或地区的重要程度来决定。

（3）国际组织数量：一方面，由于受到社团管理相关法规及其配套基础设施等限制，国内国际非政府组织数量少且分布集中。国际组织在城市的落户需要当地政府在政策和配套设施方面的支持。另一方面，国际组织把其所在城市纳入世界性的国际组织网络，为其提供与国际社会在环境、经济和其他领域交往的平台。

（4）国际友城数量：国际友城的数量往往反映出一所城市对外交往的意愿和能力，以及对其他城市的吸引力。友城交流为加速城市国际化提供了相关的资源和借鉴，为全面提升城市软实力提供了有利的契机，为开展国际合作提供了重要的途径，为城市各领域人员开展国际交流提供了便捷的渠道，它在一定程度上满足了城市日益增长的对外交往需求。

表5—1　城市对外交往活力指标构成

一级指标	二级指标
社会领域	外籍人员居民人数
	国际航班数
	国际会议（会展）数
	居民持有护照数
经贸领域	进出口贸易额
	外企数量
	合资企业数量
	涉外税收
	对外直接投资
文化领域	国际艺术演出数量
	市民外文水平
	外国口味餐馆数量

续表

一级指标	二级指标
政治领域	外国政要来访人次
	领事馆数量
	国际组织数量
	国际友城数量

资料来源：作者自制。

（五）数据来源和计算

考虑到数据的获得和可操作性，数据来源情况说明如下：

1. 城市在社会领域的对外交往活力

社会交往与政府之间的官方交往相对应，是不带有政治色彩的民间交往。在衡量社会交往活力的二级指标中，外籍居民数量的数据主要来自当地外事和华侨管理办公室官网，若没有相关直接数据，则以当地出入境公安局签发居住证的数量为凭证；国际航班数量根据当地大型机场的国际航线条数统计；国际会议数量主要参考国际会议发布系统，以及国际会议报告统计；国际会展数量主要根据当地大型会展场所单位公布的会展信息统计；城市居民持有护照数量的直接数据来源于当地公安局出入境管理部门，多数是由主流媒体公布的数据。

2. 城市在文化领域的对外交往活力

在文化领域具有较高对外交往活力的城市大多呈现出多元开放的特性。在衡量文化交往活力的二级指标中，国际艺术演出数量的数据大多来源于所调研城市的外事办公室网站。市民外文水平和外国口味餐馆数量两项数据主要通过工商局官方数据统计。其中，市民外文水平包含两项指标：一是当地语言类专门高等学校的数量，依照教育部门的数据进行统计；二是通过在工商局注册的语言培训机构得到统计结果。两项指标结合得出市民外文水平数据。而通过工商局公布的数据，搜索“西餐”“日本料理”“韩国料理”“东南亚菜”等关键字所得数据之和则可得出城市外国口味餐馆数量数据。

3. **城市在经贸领域的对外交往活力**

在融入全球化的过程中，城市内部和外部经济要素交互作用，加强了城市经济的外向性。城市经贸领域交往活力二级指标最重要的信息源是城市年鉴，比如《北京统计年鉴2017》。

4. **城市在外事领域的对外交往活力**

城市与国际组织、国家和地方政府在地方治理和其他国际事务中的互动日益频繁。领馆地点的设置一般采取“对等原则”，分别负责各自辖区事务。例如，西南地区重镇成都不仅是人口稠密地区的中心城市之一，更是中国长江水路运输、西南陆路运输枢纽，大量的人口及便利的交通优势使得成都的外国领馆数量较多。城市外事交往的二级指标中，领馆数据来源是各城市政府外事办公室网站。外国领导人的访问次数是衡量一所城市内在吸引力的因素之一，城市的对外交往程度与高层领导来访数量呈正相关趋势，而且政府高层的访问有利于提升城市的对外交往水平，相关领导人访问次数的数据来源是外交部网站和地方城市外事办公室网站。受到历史因素等影响，国际组织在中国的总部极少，笔者根据与各主要城市外事办公室访谈取得间接数据。国际友好城市数量可以通过所在城市外事办公室或者中国国际友好城市联合会网站得到直接数据，数据截止时间为2018年1月1日。①

在数据计算方面，本研究首先依每项指标对各城市按照数值递增顺序进行排序，并给予相应分数，数值越大分数越高，单项总分为100分。因为目前排序针对的是不同城市在不同指标上的表现差距，所以分数按照排名递增均匀分布。比如，国际会展次数为0的城市共3个，排名均为1，得分为100/49 =2.04；国际会展次数为1的城市共3个，排名均为4，得分为100/49 * 4 =8.16，以此类推。最后，按照各项指标的得分以权重相等的条件进行总分计算，再进行综合排名。而对于各指标权重，笔者采取专家打分制确定权重。本研究运用了最小值—最大值标准化的方法。由于考察项目种类繁多，为了使数值的范围统一，并消

① 中国国际友好城市联合会，http：//www.cifca.org.cn/Web/index.aspx。

除量纲，必须对数据进行标准化处理，具体采用的方法是最小值—最大值标准化方法。该方法是通过对数值进行线性变换，使得原数据在变换后落入［0，1］的区间，其计算公式为：

转换后数据 =（原数据—极小值）/（极大值—极小值）

X’ =（X - Min）/（Max - Min）

三、2018 年中国主要城市对外交往活力指数

1. 整体情况分析

本研究选取了中国内地 49 个城市作为研究对象，这 49 个城市及入选理由如表 5—2 所示：

表 5—2 49 个研究对象城市的选择及理由

城市	备注	城市	备注
北京	首都	乌鲁木齐	省会城市
重庆	直辖市	西安	省会城市
上海	直辖市/沿海开放城市	西宁	省会城市
天津	直辖市/沿海开放城市	银川	省会城市
长春	省会城市	郑州	省会城市
长沙	省会城市	北海	沿海开放城市
成都	省会城市	大连	沿海开放城市/计划单列市
福州	省会城市/沿海开放城市	广州	沿海开放城市
贵阳	省会城市	连云港	沿海开放城市
哈尔滨	省会城市	南通	沿海开放城市
海口	省会城市	宁波	沿海开放城市
杭州	省会城市	秦皇岛	沿海开放城市
合肥	省会城市	青岛	沿海开放城市/计划单列市
呼和浩特	省会城市	汕头	沿海开放城市

续表

城市	备注	城市	备注
济南	省会城市	威海	沿海开放城市
昆明	省会城市	温州	沿海开放城市
拉萨	省会城市	烟台	沿海开放城市
兰州	省会城市	湛江	沿海开放城市
南昌	省会城市	珠海	沿海开放城市
南京	省会城市	深圳	计划单列市
南宁	省会城市	厦门	计划单列市
沈阳	省会城市	香港	特别行政区
石家庄	省会城市	苏州	经济 GDP 前十位
太原	省会城市	东莞	经济 GDP 前十位
武汉	省会城市		

资料来源：作者自制。

本研究将中国城市对外交往活力按照不同城市在四个指标上的相近程度，分成如下几类：

第一类：北京、上海。这一类属于中国当前的特大型城市，又兼具政治中心和经济中心地位，因此其既有的国际化程度和对外交往资源都较多，并且这些城市的居民无论是经济水平还是教育水平都排名在中国前列，故而也有较强的意愿走出国门，了解世界。这一系列的主客观因素使北京和上海成为中国当前最具对外交往活力的两大城市。

第二类：成都、西安、昆明、广州、杭州、重庆、武汉、天津、深圳。这一类城市大多属于城市交往活力中的二线城市，是在统计中除了北京、上海之外最具有对外交往活力的城市。这一部分城市由三个类型组成：首先是如天津、重庆这一类直辖市。由于重要的政治地位和近年来高速增长的经济，它们也具备较高的对外交往基础，成为具有较高对外交往活力的城市。其次是如成都、西安、昆明、广州、杭州、武汉等省会城市。需要注意的是，这些省会城市中既有东部沿海发达省份的省会，如广州、杭州等，也有中部地区和西部地区省份的省会，如成都、西安、昆明。这充分反映了中国城市对外交往活力的发展态势就如同经济发展一样，呈现出从东部向中西部辐射的波浪式效应。伴随着近年来西部大开发和中国经济结构调整的加速，中国发展格局和全民科学文化素质和视野眼界开始全面提升。同时，中国基础设施的大发展和全覆盖也使得中西部地区出现了一批具有较强对外交往活力的城市。第三种是如深圳这样毗邻香港的经济发展程度较高的非省会性城市。

第三类：宁波、青岛、哈尔滨、厦门、南京、大连、海口、长沙、南宁。这一类城市主要由东部沿海的非省会城市和一些中西部省会城市组成。这些城市近年来发展速度较快，但其发展程度与之前的两类城市相比还有一定差距，故而其对外交往活力属于中等区间。

第四类：烟台、长春、南昌、珠海、呼和浩特、温州、威海、沈阳、济南、太原、郑州、合肥、福州。这一类城市属于东部沿海的非省会城市和一部分北部和西部地区的省会城市。这一部分城市近年来都遇到经济结构转型的瓶颈期，对外交往基础较薄弱，故而无法开展较为活跃的城市对外交往。

第五类：银川、汕头、北海、拉萨、连云港、贵阳、石家庄、湛江、乌鲁木齐、贵阳、西宁、南通、兰州。这一批城市相对而言，对外交往活力较一般。分析这些城市的构成，可以发现主要集中在西部边陲、内陆和东部的欠发达地区。这些地区整体发展程度不够好，因而城市整体对外交往活力不足。

根据对中国49个内地城市对外交往活力指数的分析，其排名结果按照四类指标权重相等的计算方法得出。其对外交往活力综合排名及在社会、文化、经贸、外事四个领域对外交往活力排名如表5—3至表5—7所示：

表 5—3　中国内地 49 个城市对外交往活力指数综合排名

排名	排名	排名	城市
1	上海	26	长春
2	北京	27	合肥
3	香港	28	郑州
4	广州	29	烟台
5	成都	30	呼和浩特
6	重庆	31	南宁
7	深圳	32	南通
8	苏州	33	海口
9	厦门	34	南昌
10	杭州	35	贵阳
11	天津	36	温州
12	青岛	37	威海
13	大连	38	石家庄
14	西安	39	汕头
15	南京	40	银川
16	武汉	41	兰州
17	哈尔滨	42	北海
18	昆明	43	乌鲁木齐
19	长沙	44	太原
20	沈阳	45	西宁
21	东莞	46	秦皇岛
22	福州	47	湛江
23	宁波	48	连云港
24	珠海	49	拉萨
25	济南		

资料来源：作者自制。

表 5—4　中国内地 49 个城市对外交往活力指数社会领域排名

排名	城市	排名	城市
1	上海	26	福州
4	成都	29	沈阳
5	杭州	30	东莞
6	重庆	31	乌鲁木齐

续表

排名	城市	排名	城市
7	香港	32	珠海
8	西安	33	银川
9	大连	34	石家庄
10	武汉	35	南宁
11	深圳	36	兰州
12	厦门	37	烟台
13	青岛	38	南昌
14	昆明	39	南通
15	南京	40	贵阳
16	天津	41	太原
17	长沙	42	北海
18	苏州	43	呼和浩特
19	海口	44	连云港
20	合肥	45	西宁
21	郑州	46	秦皇岛
22	济南	47	汕头
23	威海	48	湛江
24	温州	49	拉萨
25	长春		

资料来源：作者自制。

表5—5 中国内地49个城市对外交往活力指数文化领域排名

排名	城市	排名	城市
1	北京	26	贵阳
2	上海	27	南京
3	深圳	28	合肥
4	香港	29	长沙
5	广州	30	汕头
6	重庆	31	海口
7	昆明	32	南昌
8	大连	33	银川
9	杭州	34	长春
10	福州	35	南通

续表

排名	城市	排名	城市
11	苏州	36	郑州
12	武汉	37	温州
13	西安	38	太原
14	沈阳	39	北海
15	济南	40	秦皇岛
16	哈尔滨	41	威海
17	成都	42	连云港
18	天津	43	宁波
19	珠海	44	湛江
20	厦门	45	石家庄
21	东莞	46	拉萨
22	烟台	47	南宁
23	青岛	48	兰州
24	呼和浩特	49	乌鲁木齐
25	西宁		

资料来源：作者自制。

表5—6　中国内地49个城市对外交往活力指数经贸领域排名

排名	城市	排名	城市
1	上海	26	呼和浩特
2	北京	27	西安
3	苏州	28	武汉
4	厦门	29	烟台
5	香港	30	昆明
6	深圳	31	郑州
7	南京	32	湛江
8	青岛	33	南昌
9	广州	34	温州
10	天津	35	汕头
11	大连	36	济南
12	沈阳	37	北海
13	重庆	38	威海

续表

排名	城市	排名	城市
14	东莞	39	贵阳
15	福州	40	合肥
16	宁波	41	太原
17	成都	42	兰州
18	长春	43	乌鲁木齐
19	哈尔滨	44	连云港
20	长沙	45	银川
21	南宁	46	海口
22	珠海	47	秦皇岛
23	南通	48	西宁
24	杭州	49	拉萨
25	石家庄		

资料来源：作者自制。

表 5—7 中国内地 49 个城市对外交往活力指数外事领域排名

排名	城市	排名	城市
1	北京	26	呼和浩特
2	上海	27	南昌
3	香港	28	郑州
4	成都	29	贵阳
5	杭州	30	海口
6	哈尔滨	31	长春
7	广州	32	秦皇岛
8	宁波	33	南通
9	苏州	34	珠海
10	重庆	35	济南
11	天津	36	拉萨
12	青岛	37	乌鲁木齐

续表

排名	城市	排名	城市
13	武汉	38	烟台
14	西安	39	温州
15	厦门	40	石家庄
16	南京	41	汕头
17	长沙	42	福州
18	东莞	43	威海
19	昆明	44	北海
20	南宁	45	连云港
21	大连	46	银川
22	深圳	47	湛江
23	沈阳	48	太原
24	兰州	49	西宁
25	合肥		

资料来源：作者自制。

为了进一步分析发展程度与城市交往活力的关系，本研究还建立了一个简单的二元回归模型，将被统计城市2018年的国民生产总值与其对外交往活力进行回归分析，根据此分析也可清晰地看出，经济发展程度是决定对外交往活力的关键变量。

表5—8　城市对外交往活力指数与经济发展程度

	总分	外事	经济	文化	社会
经济发展程度	0.847	0.615	0.758	0.75	0.752
r方（可决系数）	0.718	0.378	0.575	0.562	0.566
共线性诊断	1	1	1	1	1

资料来源：作者自制。

2. 地域比较研究

除了对调查城市整体进行分类评估外，我们还将这些城市按照“东西南北”[①] 进行了大类区分，并对区域间和区域内不同城市的对外交往活力指数进行比较研究。

为了确保比较的效度，我们除了将东部和西部城市整体进行比较之外，还专门将两个地区的省会城市和直辖市城市进行比较。从中可以发现，东部地区的城市对外交往活力指数无论是在整体指标还是具体的每个分指标上都优于西部城市，这从一定程度上也与中国当前东强西弱的发展格局相匹配，进一步反映了发展是决定城市对外交往活力的关键要素。

图 5—1 西部与东部城市对外交往活力指数比较

资料来源：作者自制。

① 东部城市：大连、哈尔滨、沈阳、长春、北京、天津、呼和浩特、太原、石家庄、秦皇岛、上海、杭州、南京、济南、福州、合肥、青岛、宁波、烟台、厦门、威海、北海；

西部城市：武汉、长沙、郑州、南昌、重庆、昆明、成都、贵阳、拉萨、西安、乌鲁木齐、银川、兰州、西宁、南宁；

北部城市：大连、哈尔滨、沈阳、长春、北京、天津、呼和浩特、太原、石家庄、秦皇岛、西安、乌鲁木齐、银川、兰州、西宁、青岛、烟台、威海、济南、郑州；

南部城市：上海、南京、杭州、宁波、厦门、合肥、温州、连云港、福州、南通、武汉、长沙、南昌、广州、海口、深圳、南宁、珠海、湛江、汕头、北海、重庆、昆明、成都、贵阳。

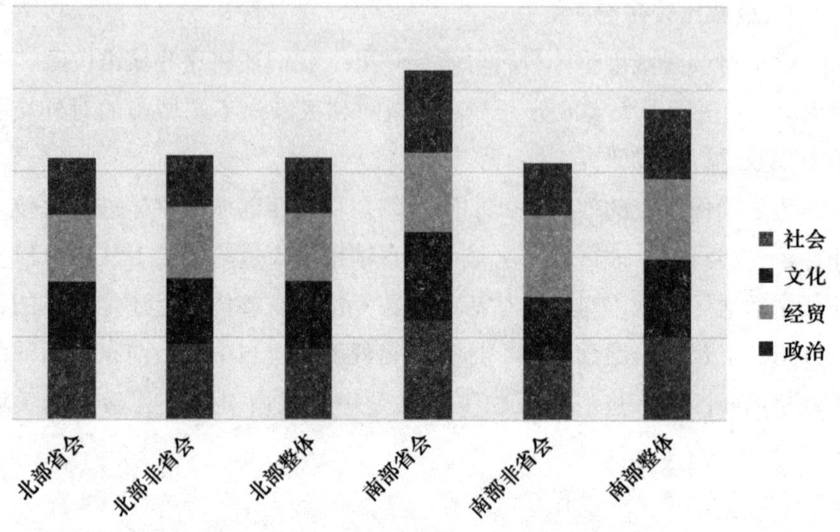

图 5—2　北部与南部城市对外交往活力指数比较[①]

资料来源：作者自制。

从图 5—2 可以看出，南方城市和北方城市无论是在城市整体比较还是直辖市/省会或者非直辖市非省会专门比较上，都没有明显差距。相对而言，南方城市的对外交往活力指数略高于北方城市，但整体而言，依然没有明显差距。

3. 区域内城市比较研究

在进行了“东西南北”跨区域比较之后，本研究还将东北、西北、

① 东部城市：大连、哈尔滨、沈阳、长春、北京、天津、呼和浩特、太原、石家庄、秦皇岛、上海、杭州、南京、济南、福州、合肥、青岛、宁波、烟台、厦门、威海、北海；

西部城市：武汉、长沙、郑州、南昌、重庆、昆明、成都、贵阳、拉萨、西安、乌鲁木齐、银川、兰州、西宁、南宁；

北部城市：大连、哈尔滨、沈阳、长春、北京、天津、呼和浩特、太原、石家庄、秦皇岛、西安、乌鲁木齐、银川、兰州、西宁、青岛、烟台、威海、济南、郑州；

南部城市：上海、南京、杭州、宁波、厦门、合肥、温州、连云港、福州、南通、武汉、长沙、南昌、广州、海口、深圳、南宁、珠海、湛江、汕头、北海、重庆、昆明、成都、贵阳。

华北、华南、华东、华中、西南[①]等区域内城市对外交往活力指数进行了比较。比较的结果如图5—3至图5—10所示：

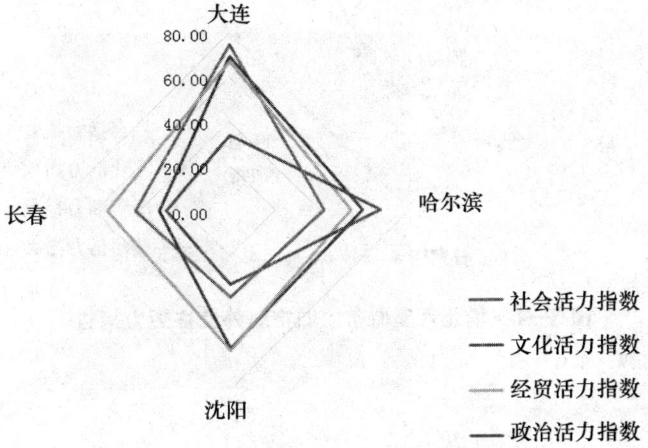

图5—3 东北四座城市的城市对外交往活力指数

资料来源：作者自制。

由于此次调研的华东城市共有14座，所以分成6座省会城市（直辖市）和8座非省会城市进行比较。

4. **一级指标相关性分析**

在进行了城市之间的比较之后，本研究还对城市对外交往活力四个指标之间的关系进行了分析。利用相关性检测的方式，可以发现这四项指标呈现出互相影响、互相促进的关系。首先，从统计学角度来看，社会、文化、经济、外事四项指标之间的相关性系数都非常高，这反映了

---

① 区域城市分布为：

东北：哈尔滨、长春、沈阳、大连；

华北：北京、天津、呼和浩特、太原、石家庄、秦皇岛；

华东：上海、南京、杭州、青岛、宁波、烟台、厦门、济南、合肥、威海、温州、连云港、福州、南通；

华中：武汉、长沙、郑州、南昌；

华南：广州、海口、深圳、南宁、珠海、湛江、汕头、北海；

西南：重庆、昆明、成都、贵阳、拉萨；

西北：西安、乌鲁木齐、银川、兰州、西宁。

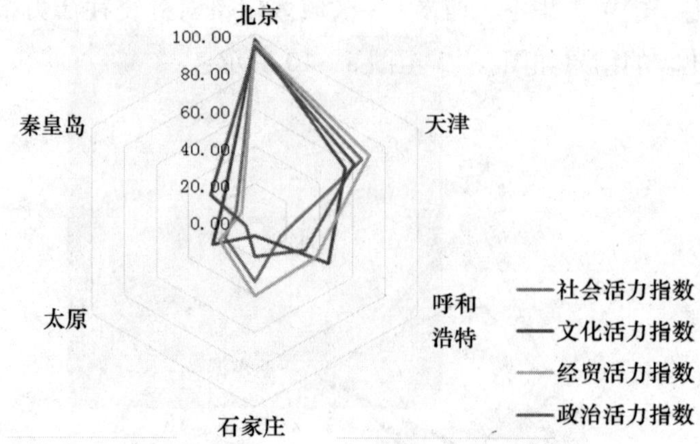

图 5—4　华北六座城市的城市对外交往活力指数

资料来源：作者自制。

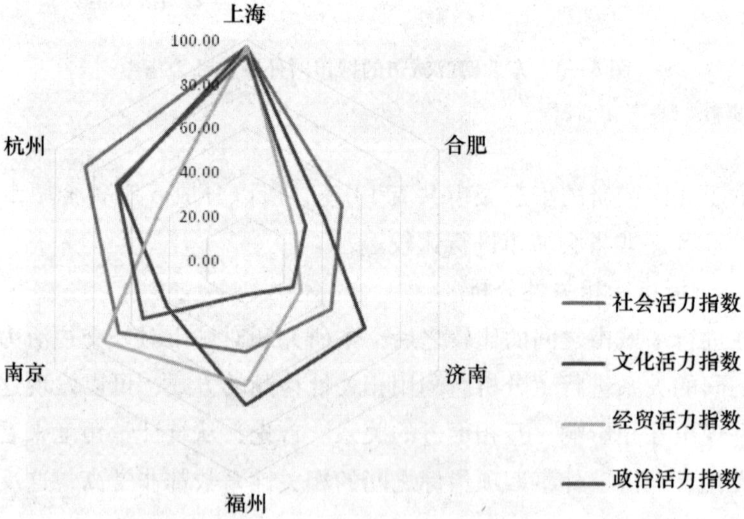

图 5—5　华东六座省会城市（直辖市）的城市对外交往活力指数

资料来源：作者自制。

这四项对外交往活力指标之间的内在关联性。其次，就系数而言，不同指标之间都呈现出较高的正向系数。对于城市对外交往活力而言，这反映了在某一领域的对外交往活力指数的提升对其他领域指数的提升具有促进作用。最后，在不同指标的关系之中，经济与文化的相关系数相对

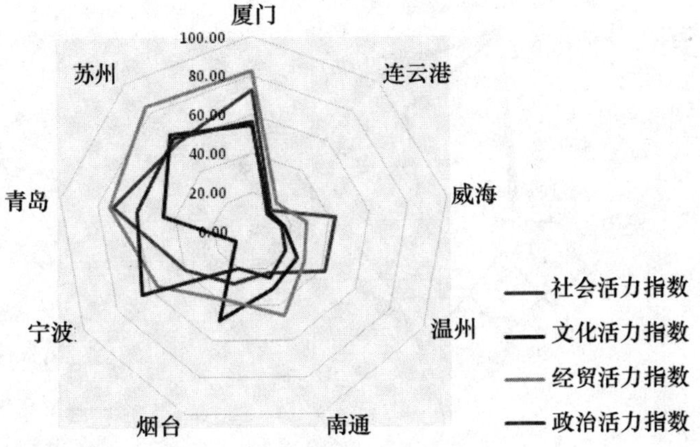

图 5—6 华东九座非省会城市的城市对外交往活力指数

资料来源：作者自制。

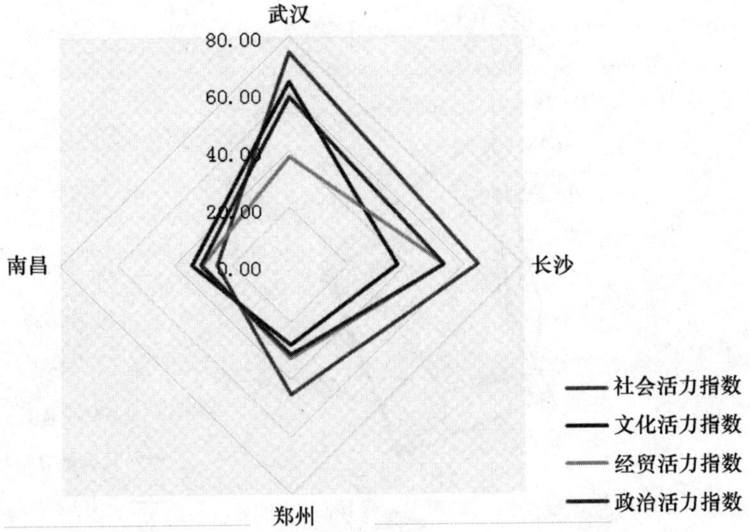

图 5—7 华中四座城市的城市对外交往活力指数

资料来源：作者自制。

较低，这反映了城市对外经济交往频繁并不一定可以迅速转化为文化对外交往活力。

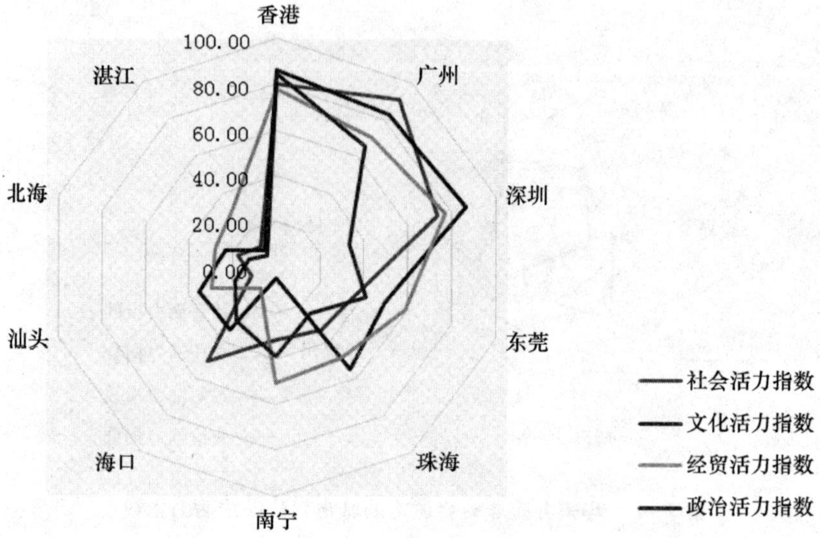

图 5—8　华南十座城市的城市对外交往活力指数

资料来源：作者自制。

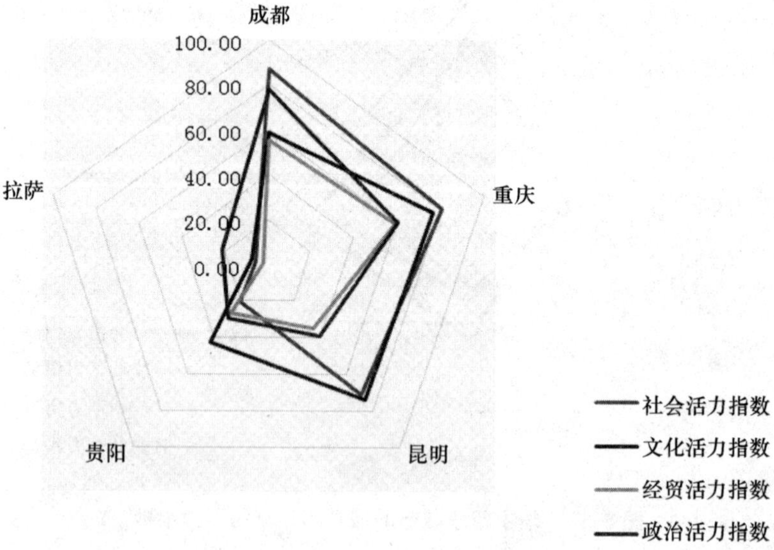

图 5—9　西南五座城市的城市对外交往活力指数

资料来源：作者自制。

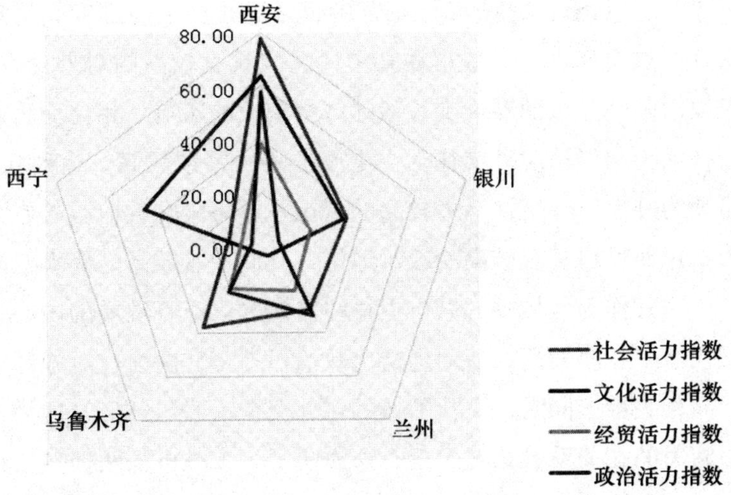

图 5—10 西北五座城市的城市对外交往活力指数

资料来源：作者自制。

表 5—9 城市对外交往活力四个指标之间的相关性

		社会	文化	经济	外事
社会	Pearson 相关性	1	.649 * *	.614 * *	.748 * *
	显著性（双侧）		.000	.000	.000
	N	46	46	46	46
文化	Pearson 相关性	0.649 * *	1	0.482 * *	0.581 * *
	显著性（双侧）	0.000		0.001	0.000
	N	46	46	46	46
经济	Pearson 相关性	0.614 * *	0.482 * *	1	0.624 * *
	显著性（双侧）	0.000	0.001		0.000
	N	46	46	46	46
外事	Pearson 相关性	0.748 * *	0.581 * *	0.624 * *	1
	显著性（双侧）	0.000	0.000	0.000	
	N	46	46	46	46
* *. 在 .01 水平（双侧）上显著相关。					

资料来源：作者自制。

从表5—9可看出，城市对外交往活力指数在不同维度间呈现出高度相关性。这意味着一个城市在某单项领域具有较高的对外交往活力，往往可以对其他领域的对外交往活力产生较大的影响。相比而言，外事对外交往活力与经济对外交往活力之间的相关系数较高，达到0.7。这可能是因为外事对外交往活力较高的城市主要集中在各地区的省会及中心城市，这些城市拥有较高的政治地位，故而拥有较高的外事对外交往活力，同时其作为区域中心城市也往往是该地区经济发展的中心，对外经济交往水平相应较高，从而塑造出政治对外交往活力与对外经济交往活力的高相关性。同时，文化领域的对外交往活力与经济交往活力、政治交往活力的相关系数相对较低，这说明了一个城市虽然拥有较强的外向型经济，其文化对外交往活力却不一定同步提升，而一些拥有较多文化资源，但相对经济发展程度不高的城市则可以借助其自身资源在世界范围内打造影响力，并获得较高的文化交往活力。

四、研究结论

通过研究，中国内地49个主要城市的对外交往活力情况以指数形式呈现并得出以下结论：

第一，城市对外交往活力与城市发展程度有着密切的关系。在所研究的城市中，如果将城市对外交往活力的分类与中国目前俗称的“一线、二线、三线”城市做一个对比，可以发现城市对外交往活力高的城市往往集中于“一线”城市和“二线”中的发达城市，而城市对外交往活力低的城市主要集中于“二线”中的欠发达城市和“三线”城市。发展不仅是改善城市面貌和提高经济水平的核心推动力，更是调整市民思维方式、促使城市对外开放和对外交流的有效推动力，所以城市的发展水平与城市对外交往活力密切相关。

第二，每个子区域中的城市对外交往活力指数呈现出中心突出、差异悬殊、独具特色的特征。首先，所谓的中心突出是指每个区域都存在一个对外交往活力中心，例如东北地区的大连、华南地区的广州、华东地区的上海、西北地区的西安等。这些城市往往在对外交往上具有明显的领先地位，是这一地区与外部世界交流的枢纽和窗口。其次，每个区域内不同城市之间的对外交往活力差距悬殊，例如华北地区的北京与其临近的石家庄和太原之间的对外交流活力差距非常大，这一方面与每个城市自身的发展程度有关，但中心城市在对外交往活力上的虹吸效应也值得关注。最后，每个城市的对外交往活力在不同方面各具特色，如福州在经济交流上并不发达，但在文化交流上却很活跃。

第三，内地城市对外交往活力东西差距较为明显，但南北差距不太明显。东西差距除了有经济发展程度的原因外，还可以从地理和环境两方面进行解释。一方面，西部城市地理上位于内陆，缺乏东部沿海便利的交通条件，故而其与外部世界沟通的阻碍相对更多；另一方面，就环境而言，西部地区环境普遍不及东部地区，故而环境因素也导致了许多外国机构和外国公民不愿进入此地区开展长期的业务与交流，限制了此地区对外交往的开展。

第四，要加强构建城市对外交往活力指标体系。指标体系的构建实质是用量化方式回答中国城市对外交往的内涵以及衡量形式。不同城市的对外交往活力指数为这些城市是否需要提高和如何提高对外交往能力提供了软性的政策指导路径。依据指数进行的排名是中国城市对外交往地理空间的分布和地方特色的体现，为研究中国城市对外交往情况提供了基础性的研究支持。同一指标下城市排名的改变，能对中国城市对外交往活力的变化提供及时的反映。建立具有中国特色的城市对外交往活力指标体系有助于准确把握城市发展方向，确保目标实现，为未来城市的规划、建设和管理提供科学的依据和指导。

第五，对49个内地城市对外交往活力排名情况及地域分析的综述。通过以上数据分析可以得出结论，从整体情况来看，中国内地49个城市对外交往活力指数综合排名整体呈现东高西低趋势，其中上海和北京分居综合排名第一与第二。49个城市在具体领域中的排名则大致由经济发展程度决定，经济发展程度是决定对外交往活力在经贸、社会、文化、外事领域高低的关键变量。按地域划分，东部地区的城市对外交往活力指数无论是在整体指标还是具体的每个分指标上都优于西部城市，而南方城市和北方城市无论是在城市整体比较还是直辖市/省会或者非直辖市非省会专门比较上都没有明显差距。

第六章 “一带一路”的城市外交剖析*

汤 伟**

［**本章导读**］从地理经济角度看，“一带一路”就是沿线城市的互联互通，这种互联互通形塑的“流动空间”赋予了城市外交新的可能性和必要性，城市外交已事实上成为国家战略的重要支撑。文化、经济发展和共同关切赋予了城市外交动力。“一带一路”的城市外交应该在“求同存异”原则上，搭建友好城市，构建城市协作平台。“一带一路”城市外交也带来诸多后果，表现在对世界城市网络的影响、对中国外交决策体系的变革和对城市自身发展规划和空间格局的适度影响等方面。

近两三年以来，中国先后提出了建设“丝绸之路经济带”“21世纪海上丝绸之路”等一系列重大倡议，形成了完整的“共建丝绸之路经济带和21世纪海上丝绸之路（简称‘一带一路’）”倡议。这一倡议初步计算涉及到亚欧大陆65个国家，包括中亚、东南亚、南亚、中东、中东欧甚至非洲等地区。“一带一路”显然不只是一条经济带或者一条海上通道，也不是一个项目运作的平台，而是多层次、多维度、多平台编织而成的网络，而这种网络基础是道路、桥梁、港口、机场、铁路、

---

* 本章主要内容是国家社科基金重大项目“中国参与全球治理的三重体系构建研究”（项目编号：12&ZD082）阶段性成果，曾以“‘一带一路’与城市外交”为题发表于《国际关系研究》2015年第4期。

** 汤伟，上海社会科学院副研究员。

油气、电力等硬件基础设施。从地图上看，这些基础设施相互连接的是重点城镇、口岸、边境、开发区、产业园区，而口岸、边境、开发区、产业园区也在具体城镇内部，城镇由此成为事实上的“一带一路”节点。这也说明“一带一路”不是对外援助，而是基础设施互联互通基础之上的政策协调、贸易投资便利化和相关经济合作，基本原则是互利共赢，无论是实施主体还是辅助支撑角色都必须基于市场和双边共赢原则行动，遇到具体问题充分尊重，协商解决。既然重要节点城市成为“一带一路”实施的关键，那么任何事关“一带一路”的区域、多边双边安排也就无法脱离节点城市的参与，城市外交浮出水面。目前广泛接受的城市外交概念，是荷兰国际关系研究所学者简·梅丽森提出的，即“城市外交是城市或地方政府为了代表城市或地区和代表该地区的利益，在国际政治舞台上发展与其他行为体的关系的制度和过程”。[①] 然而，中国学者普遍认为城市外交是国家总体外交的重要组成部分，应当服从于总体外交，是中央政府政策指导和授权下所从事的对外交往活动。[②] 城市外交不仅代表城市或地区利益，还必须反映国家战略和总体外交诉求，甚至应首先服务于国家战略和改革发展需要，这意味着城市对外行为与总体国家战略和改革发展需求相悖则是不妥当的。譬如钦州是中国广西的一个省份，其“中马工业园”却关联到中国的东盟地区战略，这次国家提炼出“一带一路”，乌鲁木齐也扮演类似的角色，这意味着中国城市的对外关系扮演着“嵌入式外交”的角色。[③] 然而问题的关键是，“一带一路”倡议推进进程中，这种嵌入式外交或者城市外交的动力或者微观基础在哪里？推进城市外交可以采取何种方式？后果又可能有哪些？对于这些问题，学术界尚无深入分析和梳理。

---

① Rogier van der Pluijm, Jan Melissen, “City Diplomacy: The Expanding Role of Cities in International Politics”, Netherlands Institute of International Relations, 2007.

② 赵可金、陈维：“城市外交：探寻全球都市的外交角色”，《外交评论》2013 年第 6 期，第 61—77 页。

③ 赵可金：“嵌入式外交：对中国城市外交的一种理论解释”，《世界经济与政治》2014 年第 1 期，第 135—160 页。

一、"一带一路"城市外交的动力

城市为何需要与境外城市构建制度化联系，不同学者有着不同答案，但基本指向市场驱动的全球化。其实全球化有着不同维度，譬如文化、经济贸易、环境保护等；也有着不同层面的体现，譬如全球、区域、国家和具体地方。一些学者指出全球化的组织框架其实是世界城市网络，只有当城市成功推动城市间构建起制度化横向联系时，全球化才获得了成功，[①] 然而这种制度化的横向联系并不都属于城市外交。城市的本质在于积聚或集聚，首先并不是作为独立主体而存在，而是资本、信息、人力和企业总部集聚和流动的空间和场所。世界城市假说的提出者约翰·弗里德曼也认为，"城市是社会经济体系的空间组织，所讨论的是场所和地点而非行为主体"，全球生产网络和市场体系主要通过世界城市网络空间予以呈现。[②] 既然城市首先是场所和空间，那就不可能将在该场所和空间中活动的所有行为主体超越国境的制度化联系都纳入到城市外交的范畴。譬如居住于首都城市的职业外交官代表国家在全球范围内活动，但并不代表城市自身的发展诉求；又譬如非政府组织出于规范道德，与境外组织、政府构建稳定的合作关系。既然城市作为场所和空间，其内部行为体的对外联系不是城市外交，那么何种行为才能被称为城市外交呢？笔者认为至少应具有两大要素：第一，城市必须作为政策权威而行动，即城市自身要作为行为主体而存在，需要指出的是，这里的政策权威并不一定是政府，其他行为主体暂时获取了政策权威后也可以代表而行事，譬如行业协会；第二，城市的行动必须着眼于公共利益，这种公共利益可以着眼于城市自身层面，也可以着眼于国家层面。事实上，城市作为外交主体构建与境外城市的制度化联系离不开以

① 汤伟："世界城市与全球治理的逻辑构建及其意义"，《世界经济与政治》2013 年第 6 期，第 97—116 页。

② John Friedmann, "The world city hypothesis", *Development and Change*, 17: 1, 1986, pp. 69 – 93.

城市作为空间和场所的其他行为主体的互动，相当部分来自它们的发展需求和实际推动。譬如企业、非政府组织、城市居民对外联系过程中当涉及到国外的基础设施、法律法规、社会文化环境和运行机制，这就需要总体外交但也需要城市层面的联系。既然城市外交动力主要源自公共利益和实际需求，那么从这样的视角看待“一带一路”这一倡议，就不难发现“一带一路”城市外交动力源自文化交流、包括基础设施、经贸、科技进步在内的城市发展以及对城市发展过程中负面问题的治理。

首先，文化交流是城市外交最初的着手点。文化对外交的影响可以在约瑟夫·奈的“软实力”概念那里得到恰当的说明，然而不同地域的文化迥异，这种迥异可能产生“文明的冲突”，也可以相互借鉴、取长补短、增信释疑，进而在共同认知和心理基础上加强合作。文化交流需要载体，古代以丝绸为象征和媒介，在沿线诸多的国家和民族中成功构建出紧密联系的交流纽带，形成以包括阿富汗、哈萨克斯坦、中国新疆和中亚地区为轴心的，向东西伸展的国际大市场。通过这个大市场和交通，中国古代许多科学文化成就传到西方，而西方的物质产品和文化也传入中原，最终在交互进程中留下了丰富的物质和非物质文化遗产。不同于古代，现代文化的精髓和最高成就往往在城市，而核心城市的文化成就往往代表不同文化圈的最高水平，只有这些城市文化交流才可以最大程度地挖掘城市民众文化需求、创新文化产品、推进文化传播，进而相互借鉴、取长补短。“一带一路”尤其是“丝绸之路经济带”上的城市，不但具有异常丰富的物质和非物质文化遗产，而且积极创新文化产品，而这些文化资源、文化产品很多是古代丝绸之路的积淀，单靠自身难以有效支撑，必须共同行动、集体协调才能发挥整体性的影响力。由此，文化交流，保护丝绸之路的文化遗产，进而创造符合时代精神的文化产品、文化艺术成为城市外交的驱动力之一。事实上，“一带一路”倡议的规划和设计需要做到五通，其中民心相通主要依赖城市间的文化交流。遗憾的是这种交流还局限在政府层面，譬如《政府间文化交流合作协定与计划》以及多次举办的以“丝绸之路”为主题的文化交流，均未深入到大众群体，因此城市外交的文化内容还具有很大拓展空间。

其次，城市发展或者城市竞争力也是城市外交的动力之一。一些具有全球影响力的国际性大都市，或者说世界城市在全球各地建立驻外办事处，发展姐妹城市网络，积极参与全球性和区域性城市多边合作，核心主旨也在于发现自身，提升全球竞争力。尽管“一带一路”沿线城市并不在于如何提升自身的全球竞争力，但发展自身，加强自身与外部的连通都是共同的关切，由此包括铁路、公路、石油天然气管道、空中航线等在内的互联互通成为关键。然而，基础设施建设也具有自身特点，如外部性强、投资量大、运营风险高、一旦建成易形成“锁定”，而且基础设施建设除了有经济技术特性之外，也有政治外交属性。具体表现在：（1）政治和战略猜疑，认为中国“建设丝绸之路经济带”是为了平衡“亚太再平衡”战略，“扩大”自己的战略腹地和势力范围；（2）政治协调难度，各国经济发展水平、经济活动布局、人口地理分布存在较大差异，对基础设施有着不同需求，公路、铁路、民航、管道等不同的领域对基础设施建设也有不同的需求；（3）沿线民情、社情复杂，很多地区宗教、民族、经济、地缘政治问题交织，存在不同主权国家、政府协调和权责划分以及利益分配难度；（4）基础设施本身还存在持续时间长、后期管理维护难度大等特点，具体建设、运营过程容易产生各种背离合约的行为。在这种背景下，国家层面外交创新难以完全应对上述难题，需要多层次的制度创新和社会网络构造，地方政府和城市由此获得了参与空间。性质上也可分为两类：（1）城市承担了国家交办的标志性项目和重点工程，又或者为国家标志性项目和重点工程提供配套服务；（2）城市和地方政府基于自身发展战略和市场规则主动作为，譬如产业链条的对接、过剩产能的输出、国外产品的吸纳、双边贸易的开展等。

第三，除了文化和基础设施互联互通、经贸往来，如何应对在发展过程中出现的共同问题也是城市外交的关切，譬如交通拥挤、空气污染、环境恶化、贫富分化、贫民窟的出现、卫生设施供应不足、民族关系复杂、暴力冲突、居住隔离等，这些问题难以解决，常常引发政治问题，需要耐心和智慧。然而，“丝绸之路经济”带经过很多城市，而这些城市尽管有着截然不同的制度环境和经济社会特征，但在应对这些问题时也提供了一些行之有效的解决方案和实践智慧，一方面可以相互借鉴、共同探索，另一方面也需要通过城市外交实现资源共享。譬如乌木鲁齐医疗资源丰富，完全可以通过城市外交帮助周边国家城市居民提升健康水平；还譬如乌鲁木齐正在积极建设“中国—中亚科技合作中心”，其他城市也可以遵循优势互补、资源共享、功能配套、协同服务的原则，一道建设面向中亚及丝绸之路带重点发展产业的开放式国际化服务平台，通过科技进步和有序转移实现城市共同繁荣。

二、“一带一路”城市外交的形式

文化、经济贸易和基础设施以及共同关切的城市问题驱动着“一带一路”的城市外交，然而采取何种形式仍不明确。国内还有学者指出，城市对外交往通常分为三个阶段：旅游推广主要服务于短期旅行居住，印象也较为肤浅；开展经济文化交往，城市开始实现整体性、多层次、立体化的对外交往；以塑造话语权为核心，城市在一些领域开始引领国际潮流，成为全球性创新和文化活动的策源地。这种对外交往似乎更多地属于城市营销范畴而不是城市外交范畴。笔者认为“一带一路”的城市外交最典型的形式便是友好城市和城市协作平台的构建。

友好城市或者姐妹城市往往是城市外交的最重要手段。友好城市的广泛建立有助于加深两个国家相互了解、消除文化观念冲突、互通有无、共同发展。目前友好城市/姐妹城市已在全世界普及并取得异常显著的成效。就中国而言，友好城市对改革开放事业的作用也是很明显的，自 1973 年至 2015 年 5 月，中国有 30 个省、自治区、直辖市（不包括台湾省及港、澳特别行政区）的 447 个城市与五大洲 133 个国家的 475 个省（州、县、大区、道等）和 1460 个城市建立了 2171 对友好城市（省州）关系，有效地推动了中国内陆开放。

然而，友好城市和姐妹城市不能仅仅停留在有组织、有目的的对外文化交流活动上，还应包括文化团体的对外访问、特色文化产品的出口、举办国际瞩目的大型活动或展会，尤其是国家体育赛事、博览会、交易会等。友好城市和姐妹城市需要进一步深化，从“一带一路”的角度看，除了应加深了解和宣扬古丝绸之路的物质/非物质文化遗产以提升共同认同意识之外，还可将经济发展纳入友好城市内容，有两种路径：第一，可将姐妹城市提升至更高水平，尽快将经济贸易关系纳入城市间双边关系。城市应帮助伙伴城市的先锋行业的小型、中等规模的公司在自身城市找到顾客，而伙伴城市也能帮助自身扩大出口。为了扩大和增进市场动力，双方还可在遵守各自法律的前提下简化双边经贸投资手续，完善市场保障。第二，尽可能根据自身的产业基础和发展线索寻找友好城市。譬如旧金山中国项目与其在上海、北京以及广州的办公室合作，帮助30个总部位于旧金山的重要高科技公司获取重要市场联系和伙伴。根据布鲁金斯学会的研究，芝加哥和墨西哥城在1991年就成为友好城市，而后双方在2013年建立新类型城市间经济伙伴关系，也旨在于贸易、创新、教育等领域共同发起一系列倡议，以增加就业、扩张高端产业，进而增强自身在全球范围内的竞争力，有效提升不同市场之间的思想、投资、人才、商品和服务流动。①

就“一带一路”城市而言，目前需要进行产业分析，地方和城市领导人应该发现哪些城市与自身有着异常紧密联系，从而寻找友好城市。目前中央已明确提出要发挥新疆独特区位优势和中国向西开放重要窗口的作用，深化与周边国家和地区文化交流，形成“21世纪丝绸之路经济带”上重要的交通枢纽商贸物流和文化科教中心。乌鲁木齐是新亚欧大陆桥经济走廊和中国—中亚—西亚经济走廊上的主要节点城市，已与26个外国城市结为国际友好城市，为对外合作奠定了良好基础。问题的关键是友好城市建设要有重点。“一带一路”涉及的国家很多，城市更多，各自经济实力、产业联系、地理位置、人文状况都不同，必

① “Chicago and Mexico City Cut New Kind of Trade Deal”, http://www.brookings.edu/blogs/the-avenue/posts/2013/11/18-chicago-mexico-city-liu-donahue.

然呈现多层形态（Layers）。这种多层形态使得开展友好城市建设时应采取差别化策略，新疆乌鲁木齐就应重点强化与一些有着紧密政治经济联系的关键城市、重点城市的联系，把一些示范项目向纵深演变，而其他一些城市则应视自身的产业发展基础和生产网络的条件有针对性地开展交往。譬如珠海市与巴基斯坦瓜达尔市已确定友好城市和港口的关系，围绕商贸物流开辟海上物流通道，珠海港还拟在瓜达尔港自贸区建设“珠海—瓜达尔跨境经济合作区”，并逐步导入相关产业。当然，友好城市交往还可以围绕某一主题，诸如资源、科技创新、港口、旅游、生态、城市建设等进行深入的双边交往。

城市外交应注重平台的构建。“一带一路”从地图上看是数量众多的城市节点用铁路、公路、管道等基础设施连接起来的过程，这一连接不但突破了国家主权地理边界，还涉及到一些大的国际规制和法律以及小的技术标准和创新，而连接过程中固然要善于利用各种现有的全球性机制，譬如联合国专业领域的国际法律法规和一些专门性组织倡议，还可利用各种区域、次区域合作平台，譬如上海合作组织、区域全面经济伙伴关系（RECP）协议、中欧对话会，同时需要创设各种可能的合作机制和平台，譬如中国—东盟论坛。从次国家层面来看，机制化、常态化和日常化的城市联盟、城市协调会也非常关键。中美省州长论坛案例表明，集体性的城市联盟或者城市协调会能将一对一的友好城市由“点”转化成“面”，将原先单个需求连接起来，整合资源，节省时间和成本，实现规模经济效应，而贸易、投资、能源、环境、人文等单个领域的多边交流合作又能适度超脱国家间政治，找到各自所需，进而有利于多边地方发展，促进多边关系整合。事实上，长江三角洲城市合作模式对“一带一路”的城市联盟和城市协调会有着重要启示意义。长江三角洲城市合作在“长三角城市经济协调会”的推动下，已完全超越信息交流和简单互动，开始向政策协调、发展思路衔接转变，开启了环境保护、旅游、交通、人力资源等多项专题合作，最终走向“共同市场”战略合作。[①] 在无政府的国际关系状态下，跨越国界，建立城市联盟无疑难度会更大，但只要中央政府给予支持，乌鲁木齐等境内节点城市就可以积极探索，在“求同存异”原则基础上从意向和信息交流开始逐步走向深入，也可以积极探索旅游、人文、投资、经贸、金融、环保、低碳、科技、医疗等专业合作，最终走向民心相通、政策相通的战略合作。幸运的是，中国城市在合作平台和联盟构建方面已做出巨大努力，譬如广东自贸区推进“21 世纪海上丝绸之路”沿线港口城市联盟建设，与沿线各节点城市深化港口设施与海上运输等有关项目合作；又如 2013 年 11 月 8 日，“丝绸之路经济带”的 8 个国家 24 个城市达成《丝绸之路经济带城市合作发展乌鲁木齐共识》，进一步加强各城市间科技、文化、教育、卫生及城市建设、货物通关，建立国际物流大通道，2014 年第九届丝绸之路市长论坛达成《乌鲁木齐宣言》，就城市间的合作与发展达成协议。城市协作平台不仅讨论正面经济发展、民生和社会保障，还可共同应对城市病。随着现代化的推进，中亚主要城市和乌鲁木齐都出现了城市病，而这些问题在不同城市有着类似成因，也有着不同的表现，解决方案和政策思路可以相互借鉴、参考，一些问题比如水资源的分配更需要合作以寻找解决方案，贡献地方性智慧。从这样的角度出发，城市协作可以充当集思广益的平台和途径。此外，城市协作平台还可以对接上海合作组织、中俄哈蒙阿尔泰区域等区域合作机制，发展双边、多边、官方、民间等交流与合作，不断深化合作水平。

三、“一带一路”城市外交的影响

“一带一路”倡议涵盖经贸、投资、人文和战略互信等各个层次，而人文、经贸和基础设施也赋予了城市外交强大的驱动力，这说明城市

---

① 罗小龙、沈建法：“基于共同利益关系的长江三角洲城市合作——以长江三角洲城市经济协调会为例”，《经济地理》2008 年 7 月，第 543—547 页。

外交对国家战略支撑的必要性，而友好城市和城市协作平台使得城市外交出现新的载体和机制，进而产生一些新特征，表现在：第一，从传统友好城市国际交流越来越多地向具体的国际合作发展；第二，从双边的友好城市向多边的网络化机制化发展；第三，城市具体项目合作也越来越多地向区域合作转型，并越来越多地和其他全球机制、区域机制产生交互感应和层次交叠，构建出“机制复合体”。那么，这种城市外交的大规模深入实施还可带来何种影响？笔者认为这种影响大体可展现在以下几方面：

首先，促进“一带一路”城市对世界城市网络影响。世界城市网络形成的基础是由先进基础设施譬如航空、电信、资金构建起来的“流动空间”,[①] 而这一流动空间的管理和控制能力便决定了具体城市在世界城市网络中的位置，一般说来，纽约、伦敦、东京等城市因投资贸易、信息流通的主动权而对全球其他城市尤其是发展中国家城市施加了重大的关键性影响。然而，“一带一路”的实施尤其是欧亚大陆基础设施的互联互通将对现有“流动空间”产生冲击，欧亚大陆城市的贸易、资金、信息、人口的流动量的上升将驱动世界城市网络版图的改变。事实上，全球化和世界城市研究小组（GaWC）的数据研究发现，金砖国家机制平台成立之后，金砖国家主要城市在世界城市网络的地位和影响的确呈现上升势头,[②] 由此推断“一带一路”的城市网络的构建和协作体系将有可能改变基于“流动空间”的世界城市网络的面貌，而城市外交通过友好城市和城市协作平台在世界城市网络的形成和构造中至少扮演着润滑器和助推器的角色。

其次，城市外交将推动外交决策体制转型。“一带一路”推动新一轮对外开放，且涉及到非经济领域，还包括地缘政治因素，尤其是“21世纪海上丝绸之路”的建设还涉及多个国家的领土和海洋争端。中国改革开放前三十余年主要关注经济增长和财政税收，对外交往主要是吸引

---

① 马学广、李贵才：“全球流动空间中的当代世界城市网络理论研究”，《经济地理》2011年第10期，第1630—1637页。

② Ben Derudder, et al., “Pathways of Change: Shifting Connectivities in the World City Network, 2000 - 2008”, *Urban Studies*, 47: 9, 2010, pp. 1861 - 1877.

外资。随着发展阶段的改变，地方政府和城市角色的转型要求地方政府和城市向中央政府获取适当的外交决策权限。“一带一路”推进过程中，赋予地方政府尤其核心城市、关键城市、重点城市某些外交自主权是需要。此外，必须要认识到，任何国家的外交决策权都是由中央政府控制的，如何合理划分事权、项目权需通盘考虑，中国学者苏长和提出了制度性分权和政策性分权。[①] 尽管中央外事工作会议已将地方外事工作纳入制度化渠道，但仍需要制定合法的法律或者专门的政府规章、法规，以在中央—地方的外交权限方面做出清晰的划分。学者桑德·哈博茨等通过可持续发展中的次国家政府研究发现，次国家政府常常将可持续发展国际机制中的规范、规则和决策程序纳入到其决策中，反过来又对国家多边决策产生影响，[②] 也就是说国际—国内呈现双向互动进程。“一带一路”的城市外交也不例外，城市外交需要中央政府的鼓励和支持，但也可能通过与外部联系推动中央政策调整，譬如北海北部湾港需要打开内陆与东盟港口间的衔接，通过开设铁路班列最大化发挥现有物流资源优势，将物流网络延伸至内陆，这无疑需要东盟和中央层面的协调。乌鲁木齐海关与周边国家在 WTO、上海合作组织、中哈边境口岸与海关合作分委会等框架下建立常态化、稳定的中哈、中吉等边境海关领导人会谈联系机制，有效地支撑与周边国家的合作，在推动与周边国家海关执法互助、打击毒品和武器弹药走私犯罪活动以及反恐反偷渡方面取得了良好成效。然而，中国一直未加入国际公路运输协定（TIR），而周边国家均为公约缔约国，这就限制了跨境车辆线路的延伸、载货量、装卸条件以及导致通关便利方面的不足，给城市间合作带来诸多不利因素，这也需要中央在该协定加入与否方面进行考虑。

最后，“一带一路”的实施可能改变国内城市体系，城市外交将在关键城市节点的规划和空间格局中发挥适度影响。中国城市体系按照铁

---

① 苏长和：“中国地方政府与次区域合作：动力、行为及机制”，《世界经济与政治》2010 年第 5 期。

② Hans Bruyninckx，Sander Happaerts，Karoline Van Den Brande，“Sustainable Development and Subnational Governments：Policy Making and Multi-Level Interactions”，Palgrave Macmillan，2012.

路公路和河流干道，呈现出“三纵两横”格局，伴随“一带一路”的推进，沿线城市可产生新的机遇。根据经济地理理论，铁路、公路、水运和空运等基础设施建设建成之后，空间运输成本减少，自然能够创造相互间贸易效应，扩大流动空间，对关键节点的城市发展规划和空间结构进行重塑。按照国内著名城市学者倪鹏飞等人的设计，未来国内城市体系将呈现“一团五线”的“巨手”型特点。东中部区域纷繁复杂的公路铁路纵横交错，形成网络和团状，构成“手掌”；而东北、西北和西南呈现群带状发展。东南是一根手指，西北是一根手指，西南也是一根手指，中间有长江经济带是一根手指，向南延伸到“一带一路”的“21 世纪海上丝绸之路”也是一根手指，正像“五指”。这种城市体系无疑使东西部的地区发展出现平衡。① 平衡的城市体系需要具体节点城市的支撑，由此关键节点城市的城市化、城市空间重塑不可避免。乌鲁木齐素有“亚心之都”之称，是方圆 1500 公里内唯一的特大型城市，更需要进行结构和功能升级。目前乌鲁木齐建成了 3 个国家级开发区和 1 个出口加工区、1 个一类口岸和 7 个二类口岸，有近 200 个各类商品交易市场，为全国五大门户机场，开设了国际国内航线 69 条，形成了覆盖新疆、辐射中亚地区的多层次、多渠道贸易网络，为交通枢纽、商贸物流奠定了基础，但仍不足够，尚需在硬件上升级。根据目前总体城市规划，到 2020 年，乌鲁木齐人口将达到 500 万，建设用地 500 平方公里，城市骨架将拉大，对其“五大中心”（交通枢纽中心、商贸物流中心、金融服务中心、文化科技中心、医疗服务中心）功能定位形成重大支撑。然而这仍然不够，这五大中心功能否快速形成，除了有资源和硬件基础设施方面的要求外，更需要乌鲁木齐具备整合中亚区域经济的能力，这一整合能力显然离不开城市外交的积极作为，而城市外交的整合必然又反过来对乌鲁木齐的空间结构和社会基础产生影响，由此城市外交对城市规划、空间结构和功能定位有着适度影响。

综上所述，“一带一路”倡议的推进需要城市外交的支持，而城市

① 参考倪鹏飞：《中国城市竞争力报告：巨手：托起城市中国新版图》，社会科学文献出版社 2015 年版。

外交也要善于整合、扩大各类资源，因城制宜，做一些总体外交想做但是因种种原因未能去做的事情，或者围绕城市定位、功能、格局而有所作为。城市外交的着眼点很多，包括文化、经济、科技等诸多领域。从方式上看，建立友好城市，搭建城市协作平台或者专业性城市组织都是适宜的，当然还可以搞一些特殊的政治和外交活动，譬如以城市为主体参与国际组织、国际倡议，尤其是呼吁和平、环保、扶贫等国际政治交往，往往会产生公共外交的效果。对“一带一路”倡议的规划和设计来说，要做到“五通”，即政策沟通、道路联通、贸易畅通、货币流通、民心相通，必须做好关键城市的布点，将关键城市通过铁路、公路等基础设施连接起来，吸纳周边国家的产品和劳动力，这一过程中既存在中央—地方的垂直关系，也存在城市间水平合作机制，由此城市外交在推进世界城市网络版图变化、外交决策体制变革，以及国内城市体系优化方面可以发挥更大的作用。

第七章　多边外交与北京国际化大都市建设*

牛仲君**

［**本章导读**］随着中国改革开放的深入展开，北京市作为中国的首都，其对外开放和国际化水平不断提高，在服务国家整体外交的同时，主场外交蓬勃发展，多边外交的深度和广度也不断提高。北京市的多边外交经历了由赛会外交为主到主场外交为核心的发展历程，前者以1990年北京亚运会、2008年北京奥运会及2022年冬奥会为代表，后者则以北京APEC、“一带一路”国际合作高峰论坛等为代表，并且随着北京市国际组织总部的不断增多，未来以国际组织为平台的国际组织外交也会成为北京市多边外交的新增长点。通过多边外交的不断发展，北京市的外交经验持续积累，城市建设和市民的涉外能力不断完善，为北京市国际交往中心的建设创造了条件，也成为北京市建设国际交往中心的重要内容。因此，进一步丰富和发展多边外交，对于今后更好地提升北京市的国际化水平和建设国际交往中心，进而提升北京市的国际影响力和参与全球治理的能力，具有十分重要的意义。

---

* 本章内容为北京对外交流与外事管理研究基地和北京市社科基金研究基地项目“北京市国际组织人才战略研究”（编号：18JDZGB002）的阶段性成果。

** 牛仲君，外交学院外交学与外事管理系副教授。

多边外交是相对于双边外交的国际交往形式，是两个以上国家开展国际合作的平台，随着全球化的深入发展及国际合作的不断扩大，其日益受到世界各国的重视，成为国际交往的主要方式。北京市作为中国的首都，在服务国家总体外交方面具有得天独厚的优势，特别是经过改革开放以来长期开展各种主场外交的经验积累，北京市的多边外交已经呈现出多层次、高规格、数量多、领域广等特点，并逐渐向机制性、常设化方向发展。经过几十年来不断举办各种多边外交，北京市在增强中国国际影响力和话语权的同时，也提高了城市的国际化和文化吸引力，为建设国际交往中心打下了坚实的基础。我们有理由相信，随着北京市多边外交的不断深入发展，以及未来“一带一路”秘书处的建立，北京市必然会成为影响巨大的国际会议之都、国际组织之城、国际交往中心。

一、多边外交与北京国际交往中心建设

多边外交通常被认为是与“双边外交”相互补充的国家基本的外交方式，它是指三个以上的国际行为体在常设的或特别的全球性或地区性的国际组织、国际会议中的互动。从中国古代春秋战国时期的会盟制度、古希腊斯巴达领导的伯罗奔尼撒联盟，到近代欧洲国家间的“欧洲协调”机制，再到国际组织建立后的国际组织外交，多边外交的形式不断创新、领域不断扩大、机制不断完善，一定程度上缓和了国际政治无政府状态带来的紧张态势，成为国家之间增进交往、制定规范、协调各种关系、应对全球性问题、解决安全困境、实现一体化建设和加强全球治理的重要方式，具有越来越明显的合作优势和生命力。历史经验表明，随着科学技术的进步、全球化的发展、人类意识的觉醒，地球村的概念正在形成，国家间的相互依赖不断加深，越来越多的跨国问题需要各国通过合作共同应对，这就自然需要通过多边外交来实现，多边外交已然成为维护国际社会和平稳定和可持续发展的重要保障，今后必然会

发挥更大的作用。

多边外交与双边外交有很大不同，双边外交只针对两个国家，往往根据彼此的相互关系和外交传统来协调两者之间的国家利益，一般通过外交部和大使馆来进行，相对稳定和有规律可循，合作内容也多集中于传统的政治、军事、经济、文化等领域。而多边外交虽然也是实现国家利益的手段，但是由于有多个国家参与其中，一国的政策会受到更多因素的影响和牵制，而为了寻找到各方利益的交汇点，达成被大多数成员所接受的成果，实现共同的合作目的，就需要采取相对灵活和多样的合作方式，参与主体和合作领域也多种多样，外交机构、政府部门、非国家行为体甚至个人都可以参与其中，合作内容也广泛涉及传统与非传统领域。从活动方式来看，多边外交既可以是临时举行的国际会议，也可以是基于普遍制度和原则的具有很强约束性的国际组织。从参与活动的手段来看，多边外交既可以是协商，也可以是谈判。另外，多边外交还具有公开性、包容性、公平性等特点，本质上是合作性而不是对抗性的外交方式，是包容性而不是排他性的外交方式。这些特点决定了多边外交在加强国际交流与对话、促进国际合作、使国际行为体的期望值趋同等方面发挥着积极作用。

由于众所周知的原因，中华人民共和国成立之后长期被排斥于国际社会主流之外，我们对多边外交的认识和参与也经历了一个曲折的过程。但是自 1971 年中国恢复联合国合法席位以后，随着改革开放的进行与中国自身实力和国际地位的上升，中国多边外交得到迅猛发展，在中国总体外交战略中占据了越来越重要的地位，发挥了不可估量的作用。特别是在国际交往日益紧密、相互依存不断加强、全球化逐渐深入的今天，相对于双边外交来说，多边外交机制灵活、化解矛盾高效、易于把握，越发显示出其魅力。因此，面对西方大国对中国的压力、“中国威胁论”的抬头、国内外反华势力的联合以及改革开放与维护负责任大国形象和身份的要求，我们迫切需要灵活地运用多边外交的手段来缓解矛盾，维护国家利益和实现外交目标。多边外交不仅是中国外交不断发展的大舞台，也是我们构建和谐世界，实现国际政治民主化的需要，多边外交的发展必将加快中国外交迈入新篇章的步伐。

北京市作为中国的首都，在服务配合国家总体外交方面发挥着得天独厚的作用，国家的重大外事活动大多发生于北京，一定程度上使北京成为中国的外交名片和国际交往的中心。为了更好地配合国家总体外交的发展，经过几十年的不断改进，北京市在国际交往的软硬件方面均有长足发展，不仅能够长期举办各种规格的国际会议，承办亚运会、奥运会等体育盛会，还能保障APEC峰会、“一带一路”国际合作高峰论坛、中非合作论坛等大型主场外交的顺利举行。目前，在北京的外国机构达3万余家，其中包括169家外国驻华使馆、236家境外媒体和3000余家外国企业代表机构、7家国际组织总部和25家国际组织的分支机构。北京市友好城市数量达54个，排名世界前列。常住外籍人口13.2万人，占全市常住人口的0.62%。每年在京举办的各类国际会议和国际活动约6000场次。[①] 国家会议中心、雁栖湖国际会议中心改扩建，第四使馆区、首都新机场等设施在建，更是为北京市多边外交的进一步发展创造了良好的条件。

二、发展历程：从赛会外交到主场外交

北京市作为中国的首都，正伴随着中国多边外交的发展而闻名，多边外交的持续开展，促进了北京国际化水平的提高，增进了北京市的国际影响力和文化感召力，多边外交正成为北京市国际交往中心建设的重要手段，是北京国际化大都市建设的重要平台。正如历史上多边外交经历过从多边国际会议到国际机制安排再到国际组织外交的发展历程，北京市的多边外交也不是一挥而就达到目前水平的，其间也经历了一个由简单、传统的多边会议外交为主向复杂、综合的主场外交为主的转变过程。在这一过程中，北京市逐渐完善了开展多边外交的各种软硬件建

① 刘波：“北京国际交往中心建设的现状及对策”，《前线》2017年第9期，第69页。

设，不仅很好地提升了服务国家总体外交的能力，有力保障了在京举行的重要外交外事活动的顺利开展，也极大地提升了北京的国际大都市形象和影响力。而且，今后随着多边外交的进一步机制化建设和国际组织总部的增多，北京市还将建成以国际组织总部为平台、以主场外交为重点、以不同层次规格的国际会议为形式的国际交往中心。

多边国际会议可以说是最早出现的多边外交形式，往往是针对一些具体问题临时召开的，并随着问题的解决而结束，具有临时性、灵活性、成本低等特点。正是多边国际会议的这些特点，决定了北京早期的多边外交以赛会外交为主。这些赛会外交的主要特点是以经济、文化、体育等低级政治领域的国际交往为主体，政治性并不是很强，主要偏向于经济合作以及对外宣传、对外文化交流等，即常说的以“文化和体育搭台，经济唱戏”，从而扩大政治影响的方式。这主要是因为改革开放初期，中国的国际交往水平较低，多边外交经验不足，北京的基础设施较为落后，市民的国际交流能力也不强，加之以经济建设为中心的国家发展目标的需要，多边外交的主要目的是加强国际交流，促进经贸发展。这种赛会外交的典型代表就是 1990 年的北京亚运会和 2008 年的北京奥运会。特别是 2008 年北京奥运会的开幕式，共有 54 位国家元首、16 位政府首脑、9 位王室代表、1 位地区负责人和 4 位总统夫人出席，规模超过历届奥运会，极大地宣传了中国的发展成就，也提升了北京的形象和影响力。

这种赛会外交时至今日仍然是北京对外交往的重要形式。如 2017 年，中国（北京）跨国技术转移大会、第一届中国（北京）休闲大会和世界机器人大会等国际会议在京相继举办，文博会、科博会、北京国际电影节和北京国际旅游博览会等传统品牌活动在京持续举行，以及“驻华使节艺术沙龙活动”“吉庆生肖设计大赛”“鸡鸣东方”新春双城快闪和“中日小大使”等友好交流活动在京开展，其中“中国—中东欧国家文化艺术嘉年华”吸引了 11 个国家 14 个团组近 200 位中东欧国家的艺术家参加。[1] 而2019北京世园会和2022年北京与张家口合办的冬奥会也必然会带动北京市经贸文化的对外交往，全面提升北京市的国际交往水平。特别是2017年，北京市为配合世园会的举办，按照“国家行为”的定位，启动由外交部、国家林业局、中国贸促会、中国花卉协会、北京市和世园会政府总代表组成的“5+1”国际招展工作机制，向172个建交国、23个非建交国家、25个政府间国际组织发出邀请函，成功举办2019北京世园会使节吹风会，合力推进国际招展工作。截至2017年底，德国、日本、印度和上海合作组织等65个国家和国际组织已经书面确认参展，英国、荷兰等31个国家和国际知识产权组织等国际组织明确表态将参加北京世园会，[2] 表明北京市的赛会外交已经达到较为成熟专业的水平。

几十年来赛会外交的发展，全面带动了北京市多边外交的软硬件建设。例如在市民的对外交往方面，1990年亚运会时，北京会说英语的人不是很多，各种各样的交流不是很顺畅，一个外国人在北京找到一个厕所都是很困难的，而到了2008年奥运会时，这些问题就基本上解决了。近年来，随着《首都国际语言环境建设工作规划（2016—2020）》的编制，北京市全面规范公共场所外语标识，完成新增外语标识、问题外语标识的审核和翻译工作，提高市民外语素养，建立多语言服务中心，基本实现了国际化大都市要求的国际语言环境建设。另外，在基础设施建设上，赛会外交的开展促进了北京市交通的改善以及会展设施的升级建设。如北京市多边外交的重要场所国际会议中心，原来就是2008年北京奥运会的国际广播中心（IBC）、主新闻中心（MPC），2009年11月经过改造后华丽变身为集会议、展览、酒店、写字楼、餐饮为一体的会展综合体，成为首都沟通世界的桥梁。截至2017年12月31日，国家会议中心累计举办了7090场会议、628个展览，其中包括2014年APEC领导人会议周、“一带一路”国际合作高峰论坛、“京交

---

① 北京市人民政府外事办公室：“全面推进国际交往中心”，参见北京市政府网站，2018年1月7日，http：//zhengwu.beijing.gov.cn/zwzt/ZWZT/CSZL/GJJWZX/t1504110.html。

② 同上。

会”等。迄今，国家会议中心为北京带来的收入已超 450 亿元人民币。[①]

赛会外交为北京多边外交的发展打下了良好的基础，也为十八大之后北京主场外交的全面提升创造了条件。党的十八大以来，面对变化了的国际局势，结合中国崛起的现实需要，中国提出并强化了“中国特色大国外交”理念，以期在国际上发挥负责任大国作用的同时，体现合作、互利、共赢等中国特色。在“中国特色大国外交”理念的指导下，中国不仅继续强化了与联合国等国际组织的传统多边合作，推动着国际社会改革的进程，发挥着日益重要的作用和影响，还创造性地提出了“一带一路”倡议，主导和建立了金砖国家开发银行和亚洲基础设施投资银行，很好地体现了中国多边外交的继承和创新，标志着中国进入了有中国特色的大国多边外交的新时代。在这一背景下，北京市多边外交的代表形式开始升级为主场外交。这种主场外交以峰会外交为主要形式，相对传统的赛会外交具有较强的政治性和主动性，以北京为主场、中国为主导是中国外交理念和国家战略的体现，在塑造中国大国形象和影响的同时，也提升了北京的城市感召力和交往层次。

2014 年 11 月 10—11 日的亚太经合组织第 22 次领导人非正式会议是北京进行的一个重要主场外交。这是时隔 13 年后，中国再次承办亚太经合组织领导人非正式会议。此次亚太经合组织会议的主题为“共建面向未来的亚太伙伴关系”，将“推动区域经济一体化”“促进经济创新发展、改革与增长”“加强全方位基础设施与互联互通建设”定为三大重点议题。国家主席习近平在会上的讲话中强调，面对新形势，亚太经济体应深入推进区域经济一体化，打造发展创新、增长联动、利益融合的开放型亚太经济格局，共建互信、包容、合作、共赢的亚太伙伴关系，为亚太和世界经济发展增添动力。[②] 此次会议成功打造了世界地缘经济的新格局，翻开了全球区域经济合作的新篇章，开启了中国与亚太

① 邓熙：“国际会议中心：助力北京国际交往中心建设”，《今日中国》2018 年 3 月 5 日。

② 王毅：“北京 APEC 会议有望在三个方面取得新突破”，《中国新闻网》2014 年 10 月 29 日。

关系的新时代。亚太经合组织北京峰会不仅展现了北京的风采，提升了中国的国际形象，也改变了北京的城市面貌和国际形象，APEC 会议期间的“APEC 蓝”成为北京对抗环境污染的标志成就。

作为 2017 年中国最重要的主场外交活动，2017 年 5 月 14—15 日第一届“一带一路”国际合作高峰论坛在北京举行，29 位外国元首、政府首脑及联合国秘书长、红十字国际委员会主席等 3 位重要国际组织负责人出席高峰论坛，来自 130 多个国家的约 1500 名各界贵宾作为正式代表出席论坛，来自全球的 4000 余名记者注册报道了此次论坛。国家主席习近平出席了论坛的开幕式，并发表题为《携手推进“一带一路”建设》的主旨演讲。他指出：古丝绸之路绵亘万里，延续千年，积淀了以和平合作、开放包容、互学互鉴、互利共赢为核心的丝路精神，这是人类文明的宝贵遗产。“一带一路”倡议顺应时代潮流，适应发展规律，符合各国人民利益，具有广阔前景。[①] 以筹办“一带一路”国际合作高峰论坛为契机，北京市进一步完善了雁栖湖国际会议中心建设，按照国家 5A 级景区建设标准，先后完成夜景照明和景观提升等 30 多项建设工程，将其打造成了服务国家对外交往的重要承载区和首都多边外交的新名片。[②]

三、国际组织外交的未来展望

随着全球化的发展，国家之间的多边关系日益密切，相互依存已经成为这个时代国家间关系的明显写照，从这个角度来说，国际组织为国家之间进行多边交往提供了重要场所。因为与其他国际交往形式相比，国际组织是在多边外交基础上发展起来的一种更高级、稳定、制度化和

① 习近平：“携手推进‘一带一路’建设”，习近平在“一带一路”国际合作高峰论坛开幕式上的演讲，新华社，2017 年 05 月 14 日，http：//news. xinhuanet. com/politics/2017 - 05/14/c_ 1120969677. htm

② 北京市人民政府外事办公室：“全面推进国际交往中心”，参见北京市政府网站，2018 年 1 月 7 日，http：//zhengwu. beijing. gov. cn/zwzt/ZWZT/CSZL/GJJWZX/t1504110. html。

常设型的多边外交形式，可以对国际交往产生一定的作用和影响，从而促进国际交流的发展。而且，随着国家间国际磋商的增多，多边外交的扩大也从另一个侧面提升了国际组织的地位。同时，各种政治、经济、军事、社会类的国际组织也满足了其成员国在提升国际影响力、发展国家间贸易与安全环境等方面的需求。有些学者认为，在当今世界，衡量一个国家的对外交往能力是否充实，一个政府的对外政策是否成熟，非常重要的一个标志就是其对国际组织的理解和参与程度。[①] 而国际组织总部的多寡与影响程度，自然也成为衡量一个城市多边外交水平的重要依据。

北京市经过几十年来多边外交的发展和积淀，已经呈现出以主场外交为代表、赛会外交为基础的多边外交形态，在基础设施建设和国际交往能力方面都居于国内前列，有力地保障了国家外交外事活动的顺利举办，也极大地提升了北京市的城市国际化水平和国际影响力。但是与纽约、巴黎、伦敦等世界著名的国际化大都市相比，北京市在国际组织外交、国际化人才建设方面还存在明显不足。国际上著名的国际大都市往往至少有一个有代表性和国际影响的国际组织总部作为它开展多边外交的核心，如纽约的联合国总部、华盛顿的国际货币基金组织和世界银行总部、巴黎的教科文组织总部、罗马的粮农组织总部和伦敦的国际海事组织总部等，这些国际组织既是这些城市的名片，也全面带动了这些城市多边外交的发展，使其具有常设化、制度化、综合性的特点，因此可以说国际大都市必然是“国际组织之都”。相比来说，北京的国际组织总部无论是在数量还是影响方面，都与“国际组织之都”的要求存在差距，这既是北京多边外交存在的问题，也是我们未来发展多边外交的方向所在。

国际组织外交与国际会议外交相比更为稳定成熟，国际会议外交往往是临时性的，一年或者几年召开一次，国际组织外交则具有常设性、日常性的特点，相对来说更为固定和机制完善，东道主的主导性也更

① 张贵洪主编：《国际组织与国际关系》，浙江大学出版社 2004 年版，第 1 页。

强。一旦重要的国际组织落户，北京市的多边外交也将变得更加机制化、日常化。自1997年国际竹藤组织第一个将其总部落户北京开始，经过二十多年的发展，目前北京已经有包括上海合作组织、亚洲基础设施投资银行在内的7个国际组织总部，使北京在吸引国际组织落户方面走在了国内前列，为今后发展国际组织外交打下了基础。而随着“一带一路”建设的不断发展，以及“一带一路”国际合作高峰论坛在北京的持续举办，“一带一路”秘书处的建设自然成为可能，也有可能成为今后北京多边外交新的核心与名片。“一带一路”的秘书处相比北京之前的以功能性为主的国际组织总部来说，是一个更为综合性的、规模更大的常设机构，相应地，影响力也会更大一些。因此，今后北京的国际组织外交会可能以“一带一路”秘书处作为核心，逐渐盘活北京的峰会外交、多边外交等。那么，如何发展北京市的国际组织外交，以推动北京市国际交往中心建设呢？

首先，要加强对国际组织的政策和研究工作。不管是研究者还是政府部门，都需要加强对国际组织秘书处、规则以及日程建设的研究，比如北京要建一个国际组织，其具体运作方式是什么样子？怎样在既保证国际组织影响力和顺利运营的同时，又把中国的外交思想和理念引入到国际组织的日常工作中，使北京的国际组织总部带上北京的城市烙印？北京作为国际大都市，将来它的对外城市交往怎样围绕着国际组织来展开，或者利用国际组织的方式来引领？将北京的会议外交、公共外交和城市外交机制化、常态化，可避免国外相应的疑虑，减少“中国威胁论”的负面影响。而且，还需要进一步研究，如何通过国际组织秘书处的运作来提高中国的规则制定权、议程设置权和国际话语权？

其次，要逐步完善北京市的国际组织配套服务能力。国际组织总部落户之后的国际组织外交与主场外交相比还是有很大区别的，主场外交是以我为主，其运作基本都是由东道国来决定的。国际组织总部建立之后主要由秘书处来管理，它有自己一套规则，所以怎样配合国际组织的运营，适应国际组织的运作，就成了考验东道城市多边外交服务能力的重要问题。国际组织总部建立之后可能会带来一系列的问题，比方说要招很多国际职员，这些国际职员都有国际特权和豁免权，可能会对北京市的城市管理造成很大的影响，同时北京对这个国际组织的服务，以及相应法律法规的建设都需要跟上和完善。

最后，还需要加强国际组织人才的培养选拔。近年来，随着中国在国际组织中地位和影响力的上升，中国籍国际职员任职不足的问题日益突出。截至2016年底，联合国秘书处共有39651人，中国为479人，仅占1.21%，其中占用地区分配员额的中国籍专业级（P级）以上人员共81名，低于美国（357人）、德国（143人）、法国（141人）、英国（138人）、意大利（127人）、加拿大（96人）等国，也远低于联合国开列的164人至222人的恰当幅度，被列为任职人数偏低的国家。[①] 这种状况与中国的大国身份很不相称，也严重影响着中国在国际组织中的话语权，制约着中国参与国际规则制定和修改的能力。另一个迫在眉睫的问题则是，中国具有多边外交经验的专门人才相对缺乏，导致国际组织的接收存在一定的困难。而通过在北京或者其他中国城市建立更多的国际组织总部，中国人可在国内的国际组织中培养、锻炼一下，将来再到国外的国际组织去，这可能是今后一个比较好的培养选拔方式，从而打造出一个多边外交的旋转门制度，通过外交官员与青年学生以及国际组织人员进行相互交流，加强国际组织人才的联动培养。总之，相对双边外交来说，多边外交专业性更强，对人才的综合素质要求更高，也需要更多的多边经验，而北京国际组织总部的建设必然会促进和加强中国国际组织人才的培养选拔。

---

① 秘书长的报告A/71/605："秘书处的组成：工作人员统计数据"，参见联合国官方网站，http://www.un.org/zh/documents/。

第八章　北京雁栖湖典范与中国主场外交

方鹿敏[*]　尹继武[**]

[**本章导读**] 北京雁栖湖地区的生态和科技建设积累了成功服务国家主场外交的经验，是北京市建设国际交往中心定位的重要小城镇，承担着重要的国家主场外交任务。借由 2014 年 APEC 领导人非正式会议和 2017 年“一带一路”国际合作高峰论坛，雁栖湖打造了良好的“硬环境”和“软环境”条件，成为中国小城镇参与主场外交的典范。未来雁栖湖主场外交实践，可进一步加大本土特色品牌推广、注重新媒体的作用、推动志愿者国际化、在基础设施中突出技术优势和参与更多“非传统”议题的主场外交。

雁栖湖即北台上水库，位于北京市怀柔区北部的北台上村，因春秋两季时常有成群的大雁来湖中栖息而得名。自 20 世纪 80 年代以来，地方政府不断加大对雁栖湖的景区开发和资金投入，将该地区建成以雁栖湖为核心的旅游风景度假区。在第三届怀柔区人大五次会议上，时任怀柔区区长池维生在《2010 年政府工作报告》中，首次提出将怀柔建设成为“国际交往新城”。随着雁栖湖国际会展中心及其配套设施的落成和雁栖湖生态示范区建设的推进，该地区已具备承接一定规格国际会议的能力。2014 年亚太经合组织（以下简称：APEC）领导人非正式会议

* 方鹿敏，柏林洪堡大学亚非学院博士生。
** 尹继武，中国人民大学国际关系学院教授。

和2017年"一带一路"国际合作高峰论坛的成功举办使东道主雁栖湖景区声名鹊起。根据《怀柔科学城建设发展规划（2016—2020年）》的要求，怀柔区将被重点打造为"科技创新中心新地标"。在2016年出台的《北京市总体规划（2016—2035年）》中，怀柔的战略定位为"首都北部重点生态保育及区域生态治理协作区；服务国家对外交往的生态发展示范区；绿色创新引领的高端科技文化发展区"。这一规划的出台，将"科技创新""绿色环保"和"国际交往"三项内容作为未来怀柔地区发展的重点导向。事实上，在实践"国际交往新城"的过程中，怀柔区和雁栖湖地区就已经以绿色生态和先进技术为标准，打造了一个特色化范例。

本章是对雁栖湖参与中国主场外交的实践总结及未来展望。从内部环境看，怀柔区和雁栖湖地区的生态和科技建设已经有了成功服务国家主场外交的经验。从外部看，随着西方发达国家越来越多地选择一些小城镇作为国家主场外交活动的承办地，由小城镇作为主体参与的国家主场外交将是未来各国主场外交实践的重要趋势之一。因此，对雁栖湖实践的总结既是更多中国小城镇参与服务国家主场外交的理论需要，也是对北京市和怀柔区建设"国际交往新城"的积极实践成果的展示。本章以雁栖湖地区参与的两次国家主场外交实践，即2014年APEC领导人非正式会议和2017年"一带一路"国际合作高峰论坛为实证研究对象，在归纳雁栖湖服务国家主场外交基本范式的基础上，对怀柔区政府一些有效的、典型的建设措施进行分类和描述，并对该地区未来更有力地参与国家主场外交提供一些建议。

一、雁栖湖区域打造"国际交往新城"的基本范式

雁栖湖地区作为中国成功开发国际交流功能的特色小镇，其建设模式一直遵循绿色环保和科技创新两个重要标准，这一模式既符合雁栖湖地区自然优势，也符合怀柔区整体发展定位。因此，雁栖湖区域在对自

身优势开发利用、区域建设、特色宣传等方面构建了一套基本范式。

（一）雁栖湖区域开发的优势条件

雁栖湖区域是怀柔区打造“国际交往新城”的核心区域，其发展的基点是自然生态环境和地理区位优势。整个雁栖湖景区从内到外分为小岛、湖水和湖外三个结构层次，拥有约90%的植被覆盖率，加上三面环山，湖区内鲜少有风沙侵袭。与怀柔区的其他景点（如慕田峪长城、红螺寺、喇嘛沟门长城等）相比，雁栖湖具有距离北京市主城区较近、景区范围较广阔、可开发用地较多、适宜休闲度假等优势。同时，雁栖湖区域为111国道服务区域，从北京首都国际机场可通过111国道驾驶直达，这使雁栖湖区域的交通便利度远高于位于怀柔区西北部的响水湖风景区。

在怀柔区提出打造“国际交往新城”目标前，雁栖湖已经积累了一些参与国际交流的经验。早在1995年，怀柔就承办了联合国第四次世界妇女大会非政府组织论坛，这是怀柔承接的第一个重要国际会议。2006年，雁栖湖地区成功举办了第二届中国国际户外用品博览会，主打“休闲怀柔”的名片。① 在2008年北京奥运会举办前，为了更好地承担起对北京奥运会的各项保障工作，雁栖湖曾设志愿者服务站点，开展“好运北京”体育赛事城市志愿者服务工作。随着中国科学院研究生院雁栖湖校区的开建，未来雁栖湖地区将是高技术人才、青年学子和国际优秀学生的汇集之所，这也为雁栖湖地区的国际化建设和国际交往人才储备提供了优势条件。

（二）雁栖湖生态发展示范区建设

对特色小城镇的建设，核心内容就是将优势资源效益最大化。这一效益体现在经济、社会、文化软实力等各方面。雁栖湖区域的发展，正

① “相约雁栖湖畔尽享休闲怀柔”，2006年5月29日，http：//www.bjhr.gov.cn//main/_133460/_137507/447915/index.html。

是通过一些措施将其自身优势最大化，建立了特色自然生态产业体系，进而为成为国际交往核心区域打下了坚实基础。从实践上看，雁栖湖区域以生态发展示范区为平台，开展了项目规划和一系列配套设施建设，通过拓展首都国际交往职能进一步建设世界旅游目的地和生态文化休闲胜地。

1. 雁栖湖生态发展示范区概况

为强化首都的国际交往功能，提升北京国际高端服务水平，依托怀柔区得天独厚的自然环境，根据《北京市总体规划（2004—2020 年）》对首都经济发展模式转变提出的要求，北京市委、市政府早年便决定在怀柔区雁栖湖区域建设生态发展示范区。该示范区的建设规划遵循“中国特色、低碳环保、科技创新”三大理念，[①] 于2010 年12 月18 日正式开工。根据北京市委、市政府的战略规划，雁栖湖生态发展示范区的建设分为两个阶段工程。一期工程已完工，为占地约21 平方公里的“国际会都”，其目的为打造承接各类国际高端会议的地理和设施平台。2014 年北京 APEC 领导人非正式会议和2017 年“一带一路”国际合作高峰论坛正是该期工程落成后所承担的北京市重大国际交往项目。第二期工程为“雁栖小镇”的开发建设，启动于2014 年北京 APEC 峰会后，规划面积为10 平方公里，目前仍处于概念规划阶段，建设周期预计为2015—2020 年。“雁栖小镇”的定位是作为“国际会都”配套休闲场所，通过打造以居住、办公、商业和公共设施为主的生态宜居小镇来吸引更多国内国际高端人才入住。[②]

2. 雁栖湖生态发展示范区场地建设

从目前已完成的一期工程“国际会都”来看，雁栖湖区域的发展模式主要包括两个要素：第一，在主体设计上突出“中国元素”；第

---

① 狄飞：“北京史与北京生态文明研究”，《雁栖湖——国际一流的生态发展示范区》2015 年年会论文。

② 关于“雁栖小镇”工程的规划和其他相关内容，具体可参见瑞典 SWECO 公司的官方说明：http：//www. sweco. se/en/our - offer/architecture/Architecture - china/china - services/project - gallery/yanqi - lake/。SWECO 公司受北京市委、市政府委托，对雁栖小镇进行概念规划和生态技术咨询。

二，各场地设施功能配套化、协调化、系统化。在总体规划方面，“国际会都”以雁栖湖景区的核心岛为建设中心，向周围扩散。核心岛是雁栖湖生态发展示范区的龙头区域，功能定位为世界级会议、接待和旅游中心，占地面积65万平方米，其中建筑面积为18万平方米。内有一座雁栖湖国际会议中心（Conference Center）、一座精品酒店、十二栋国宾别墅和一座景观塔。其中，雁栖湖国际会议中心建筑面积为4.4万平方米，可同时容纳2000人参与会议。该中心的外形设计采用中式风格，酷似一只展翅的鸿雁，象征着“开放与融合、对话与沟通”的理念。[①]

核心岛周边建设有雁栖湖国际会展中心（Convention and Exhibition Center）、日出东方酒店和栖湖饭店等高端酒店，以及松秀园媒体村和记者之家等媒体服务中心。雁栖湖国际会展中心参考了天坛祈年殿的设计，总建筑面积达7.9万平方米，内设7层（其中地下2层，地上5层），除会议厅和宴会厅外，会展中心还设有新闻发布厅、多功能厅、听会室和若干中小会议室。由此可见，国际会都的各个场地在设计上配备了不同的设施并提供不同的功能，总体来看，各场地可在大型国际会议中协调承担会议的各项议程和辅助任务。

3. 雁栖湖生态发展示范区低碳化实践

雁栖湖生态发展示范区的一个重要亮点是其在建设和规划中的“低碳实践”，这也是该示范区在“低碳环保、科技创新”这一理念指导下的直接实践。从实践上看，雁栖湖生态发展示范区的“国际会都”工程主要在产业结构、能源使用、建筑规划、交通工具和资源再生这几方面利用了最新科学技术，全面尝试实现“低碳化”。值得一提的是，在能源使用上，雁栖湖区域主要采用了太阳能光伏发电、地源热泵、冷热电三联供、职能分布式能源系统和光导纤维照明；在交通工具上，推广慢行系统和电动汽车，以替代传统的机动车；另外，水资源循环利用和垃圾循环利用，也是依托“再生技术”开展雁栖湖区域低碳化的一项

① “探秘北京怀柔雁栖湖APEC会场：鸿雁展翅飞四海宾朋至”，2014年11月8日，http://politics.people.com.cn/n/2014/1108/c1001-25994006.html。

重要措施。[①] 相关的评估报告显示，低碳化实践对雁栖湖区域的生态发展带去了许多可见的积极效果，例如，有机垃圾就地利用处理率已达100%，示范区内非石化燃料汽车的使用率为80%，公共设施与高水准慢性系统的连接率达100%等。[②]

（三）雁栖湖区域的特色宣传

宣传工作也是打造“国际交往新城”的重要内容，为此，怀柔区政府在宣传雁栖湖形象特色和主要功能方面采取了几项典型措施。首先，官方早在雁栖湖国际会都工程完工之际，便邀请专业人员拍摄了全方位展现雁栖湖区域风貌的三维宣传片。不久后，《雁栖湖国际会都宣传片》也制作完成，并于2017年9月在第12届“北京国际文化创意产业博览会”上播放。其次，雁栖湖地区依托中国科学院大学雁栖湖校区承办各类学术会议的契机，向全球科学界积极打造“科技创新”的发展理念。目前，雁栖湖校区已承办首届有机光电北京雁栖湖会议、中国投入产出学会2017年年会、超快震动光谱会议等高级别国内外学术会议。再次，雁栖湖地区积极向首都居民倡导生态环保理念，通过承办一系列市民参与的活动，宣传建设生态绿色的国际交往中心的目标和阶段成果。如2017年北京怀柔国际徒步大会，正是将雁栖湖环湖路线设为“赛道”，一路途经国际会都内各地标，在倡导生态发展模式的同时号召参赛者加入“徒步随手拍”的活动，将雁栖湖的生态和场地建设通过官方App对外发布。[③]

---

① 关于雁栖湖生态发展示范区的“低碳实践”战略和具体措施，可参见北京北控置业有限责任公司《北京雁栖湖生态发展示范区低碳实践》报告，具体网址：http：//apecenergy.tier.org.tw/database/db/ewg47/3/2_ Low_ Carbon_ Practice_ Beijing_ Yanqi.pdf。北京北控置业有限责任公司为雁栖湖“国际会都”项目投资建设方。

② 谭英、马晶晶：“北京市雁栖湖生态发展示范区生态建设评估”，《北京规划建设》2015年第1期，第15—23页。

③ “8000名市民雁栖湖畔快乐徒步‘踏’金秋——2017年（第四届）北京怀柔国际徒步大会成功举办”，2017年9月23日，http：//www.bjhr.gov.cn//main/xxgx/680276/index.html。

二、雁栖湖与中国主场外交实践

雁栖湖是目前中国主场外交在小城镇实践的典范。2014 年北京 APEC 领导人非正式会议和 2017 年“一带一路”国际合作高峰论坛的成功举办，是雁栖湖和怀柔区在建设国际交往新城上迈出的重要一步。雁栖湖地区对中国主场外交的参与主要围绕“硬环境”和“软环境”两方面的建设展开。本章将雁栖湖地区两次参与中国主场外交的经验作为事实案例，分析怀柔区建设国际交往中心的一些具体措施，并进一步解读雁栖湖生态发展示范区在实践中对“环保、科技和中国特色”的具体定义。

（一）“硬环境”建设典型措施

1. 场地设施利用

在场地设施方面，两次由雁栖湖地区参与的主场外交主要依托了国际会都的工程项目。以雁栖湖国际会都首次承办主场外交，即 APEC 领导人非正式会议的实践为例，会都的核心雁栖岛在会议期间处于相对隔离的状态，主要是为了配合会议安保的需要。岛上设有直升机停机坪，APEC 会议期间，参会贵宾可通过空中走廊与外界联通。参会人员大多入住附近国际会都的辅助场地，包括国宾别墅、精品酒店等，这也是雁栖湖地区为方便参会人员居住和出行所进行的场地设施规划。

承担两次主场外交核心任务的场地设施主要为雁栖湖国际会展中心和雁栖湖国际会议中心。从主场地选择上看，这两个主体建筑的设计是整个雁栖湖生态发展示范区中“中国元素”的精华所在，体现了中国传统文化中海纳百川的一面。雁栖湖国际会展中心为 2014 年 APEC 领导人非正式会议的主会场，也是 2017 年“一带一路”国际高峰合作论坛的会场之一，国际会议中心则承担了“一带一路”峰会的领导人圆桌会议。从场地安排上看，国家会议中心前的空置区域为“一带一路”

峰会领导人集体合影的地点，合影结束后直奔会议中心参与圆桌会议也提高了会议运行的效率。另外，在 APEC 领导人非正式会议期间，为提高媒体信息发布的时效性，除国家会议中心的媒体中心外，雁栖湖会场附近也专门设置了新闻中心，方便各国媒体的参与。

2. **交通秩序维护**

良好的交通秩序环境是保障主场外交顺利进行的前提条件。对主场外交期间交通秩序的维护主要包括两方面内容，即保障交通运输顺畅和交通运输安全。首先，为保障会议期间参会人员运输顺畅，怀柔区政府在 APEC 领导人非正式会议和“一带一路”国际高峰合作论坛期间对会议区域周边实行交通管制，部分公共交通线路需实施绕行。具体方案由北京市公安局公安交通管理局网站和怀柔区交通局通过互联网对外发布。其次，从保障交通运输安全上看，加强综合执法是怀柔区相关单位采取的一项有力措施。对酒驾、闯红灯以及其他严重违法的涉及交通安全的问题严厉查处，安监民警深入全区各个单位落实交通安全防范职责，通过将交通安全责任制落到实处，从源头上加强监管，以维护主场外交活动期间的交通运输安全。①

3. **采用最新科技保障通信**

在信息需求量庞大的今天，保障信息流动的顺畅是主场外交期间对东道主硬环境建设能力的一项重要考验。主场外交期间，媒体机构、参会人员、商务人士、公共服务人员对信息传输都有很强的需求，信息流动的顺畅是议程效率、媒体工作效率和公共服务效率的关键保障。雁栖湖地区在承办两次国家重大主场外交期间的通信保障均由中国联合网络通信有限公司（以下简称：中国联通）北京市分公司承担。

APEC 领导人非正式会议是中国联通北京分公司在通信保障上的第一次重大考验，其间前来北京参会的人员和庞大的媒体数量使通信部门在处理信息独立、高效流动上需要突破许多技术性难题。北京联通在 APEC 峰会期间，将通信保障级别提高至最高点，语音、数据和传输电

---

① “怀柔区加强源头监管为 APEC 国际会议创造良好的交通秩序”，2014 年 6 月 9 日，http：//www. bjhr. gov. cn//main/zt/_ 144217/187777/index. html。

路全部采用双路由、双设备备份配置，以保障通信万无一失。由于APEC峰会的其中一个媒体中心设在国家会议中心，因此北京联通必须在国家会议中心区域和雁栖湖区域做好双重通信保障工作，并保证两个媒体中心之间的信息流通无阻。在国家会议中心周边，北京联通布置了12个GE互联网电路、121个AP点实现带动5000人同时上网，实现高密度的网络覆盖。在雁栖湖会议区域，北京联通建设了36个三代移动通信宏站和微站，其中4G网络占到了1/3。这些措施满足了APEC峰会期间网络服务和语音通话业务的信息流动需求。①

因主场外交活动区域的固定和集中化，2017年“一带一路”国际高峰合作论坛的通信保障主要围绕雁栖湖地区展开，具体操作由中国联通北京怀柔区分公司负责。论坛期间，怀柔联通为公安、交通、安保提供了专线服务，并向国内外媒体提供“千兆”到桌面的即查即用和Wi-Fi互联网接入出口带宽10G。② 值得一提的是，4.5G超高速网络首次在“一带一路”高峰论坛期间被用于媒体服务中心。③

（二）“软环境”建设典型措施

1. 主场外交期间推进环保工作

除了雁栖湖生态发展示范区建设采取的生态发展措施外，怀柔区政府为保证两次重大主场外交活动期间雁栖湖地区的生态环境状况，提升各国外交人员和国内外媒体的参会体验，在战略上启动了环境安全专项保障。针对AEPC领导人非正式会议和“一带一路”国际合作高峰论坛的召开，区环保部门采取了一些特殊措施，有重点地展开各项工作（见表8—1）。表8—1显示，两次主场外交期间，怀柔区政府的工作重点基本围绕控制工业污染源和降低能源污染展开。这也进一步说明，过去

---

① “守望雁栖湖国际会议中心 APEC会议通信保障纪实”，2017年3月9日，http：//www.linban.com/440000/437480.shtml。

② “2017年8月16日中国联合网络通信有限公司北京市怀柔区分公司”，2017年8月16日，http：//www.bjhr.gov.cn//main/_133468/_139593/665303/index.html。

③ “‘一带一路’高峰论坛媒体中心：首现4.5G超高速网络”，2017年5月15日，http：//media.people.com.cn/n1/2017/0515/c40606-29274637.html。

传统的粗放型经济增长模式仍是环保工作推进的主要障碍，雁栖湖的低碳实践模式具有很强的发展战略价值。

表 8—1　怀柔区政府在两次重大主场外交期间采取的环保措施

会议名称	主要环保措施
2014 年 APEC 领导人非正式会议	–对周边企业产业改造升级； –推进周边企业污染减排，淘汰不符合环保标准的企业和个体； –严格控制外埠高污染车辆进入怀柔； –通过联合执法、监管、遥感协助等多种途径，严控 APEC 会场周边流动污染源； –加强民间环保意识宣传； –启用 70 辆纯电动公交车在会议期间运营，表达北京降低排放、维护环境的决心
2017 年“一带一路”国际高峰合作论坛	–调整区域产业结构（严格项目准入标准，加大对高污染、高耗能、高排放行业的整改力度，加快散乱污企业的清理整顿； –加强对水污染、空气污染、土壤污染的治理力度； –建立全面的生态环境监管体系； –提高政府执法水平，同时突出落实企业在环境保护方面的责任

资料来源：笔者整理相关信息后自制。

2. 志愿者服务高质量化

提升志愿者服务的综合水平是怀柔区和雁栖湖区域建设国际交流新城的重要任务。志愿者服务水平主要体现在外语服务水平、一般性服务的标准化程度和一些特殊服务的专业化水准上。为了从会议到民间全面做好志愿者服务工作，怀柔区政府从培训“岗位志愿者”和宣传“民间东道主”两个方面推进，动员提升全区的志愿者服务水平。

根据2014年APEC领导人非正式会议和2017年“一带一路”国际高峰合作论坛的参会规模，怀柔区招募了一定数量的志愿者服务于各会议区域和岗位。APEC峰会的志愿者经严格删选后产生，这些志愿者接受主办方的集中培训，培训内容主要包括外交基本知识和各自的岗位技能训练，进而根据各自的技能优势被分配到语言翻译、信息咨询、媒体服务和应急救援几个主要部门。① “一带一路”峰会的志愿者团队还接受了来自外交部、志愿者服务专家等针对不同岗位需求进行的专门培训和语言培训。② 同时，为了营造良好的社会氛围，提升参会人员的日常体验感，怀柔区政府还加强了民间志愿者服务工作，这些工作主要包括：向民间普及APEC、“一带一路”战略的背景知识，开展民间志愿者对留守老人、孤儿等的关怀工作，组织民间主题文艺晚会等。这些民间志愿措施对塑造东道主积极昂扬的精神风貌和迎接国际盛会的热情有着积极作用。

3. 提升区域内各行业服务水平

城镇服务行业的整体水平也是影响个人体验感的关键因素，主场外交期间，加强社会各行业服务接待水平，是营造积极的主场氛围、优化主场软环境不可缺少的步骤。相关行业主要涉及出行、购物、咨询等社会和商业部门，具体内容包括外语接待能力的训练、服务意识强化、提供便利化服务等。

在外语培训方面，根据怀柔区人民政府网站的信息显示，为做好APEC峰会期间的服务接待工作，怀柔区一些企业和街道办事处邀请了一些外围志愿者和老师对企业职工和本地商家进行英语强化培训，以提高零售行业的国际化接待水平。除外语培训外，本地商家和商铺接待人员还接受了关于国外游客购物习惯、国际交往基本礼仪的培训，一些便利的消费措施也被引进，以创造零售行业接待服务无障碍

① “怀柔区710名志愿者全力保障APEC会议”，2014年11月3日，http://www.bjhr.gov.cn//main/zt/_144173/_144638/179315/index.html。

② “聚焦‘一带一路’，怀柔准备好了!”2017年5月11日，http://www.bjhr.gov.cn//main/_133460/_140241/628641/index.html。

的和谐氛围。[①]

4. 全方位推进安全保障工作

无论是筹备 APEC 领导人非正式会议还是“一带一路”国际合作高峰论坛，安全保障工作都是软环境建设的重中之重，也是整个会议得以按照既定方案和筹备工作稳步推进的关键保障。事实上，怀柔区和雁栖湖地区在两次主场外交期间都做了全方位的维稳和安保工作，除去常规措施外，一些有针对性的安保工作也值得在未来的工作中作为经验参考(见表 8—2)。

表 8—2　怀柔区承办主场外交的安保措施

特殊领域	具体安保措施
司法系统维稳安保工作	投入人力物力，做好特殊人群管控，推进群体间矛盾纠纷排查化解
特定服务机构安保工作	加油站区域内服务人员安全知识培训，包括安全操作规程、应急处置和防恐等基本技能训练
高危企业密集区安保工作	- 开展重要时期生产、消防安全管理和应急管理工作部署； - 主管政府聘请注册安全工程师事务所讲师对企业负责人和员工进行安全培训； - 加强对易燃易爆危险品、化学品和人员密集场所的监管

资料来源：笔者整理相关信息后归纳自制。

三、雁栖湖地区进一步参与中国主场外交的建议

雁栖湖模式已经成为中国小镇参与国家主场外交的一项成功实践典范。结合对雁栖湖区域建设的总结和雁栖湖参与两次重大主场外交实践

① “我区两家企业被评为 2014APEC 会议指定购物接待重点企业”，2014 年 4 月 2 日，http：//www. bjhr. gov. cn//main/_ 133460/_ 137507/319683/index. html；“龙山街道开展青年英语培训助力 APEC”，2014 年 9 月 12 日，http：//www. bjhr. gov. cn//main/_ 133460/_ 137507/312699/index. html。

的典型措施归纳，仍有一些措施、建议值得该地区借鉴、吸收，以便更好地服务于北京市国际交往中心的战略定位和我国的对外交往工作。

（一）在主场外交中积极推广本土特色品牌

北京市政府可号召更多的本地企业，以赞助等形式与怀柔区政府合作，共同参与国家主场外交。除了联想、北大方正等总部设立于北京的现代全球性知名品牌外，北京还有一大批体现了中国传统特色的本土老字号品牌，如可在涉外宴席中推广的稻香村糕点等，这些品牌同样与北京市的传统民俗文化有着紧密联系。尽管这些品牌并不属于当下流行的信息、汽车制造等行业，但通过主场外交活动的国际平台将这些传统优势品牌深化改造，再结合中国传统文化加以推广，使其符合现代行业的营销模式，也更贴近雁栖湖生态发展示范区的“中国特色”发展理念。

（二）充分利用社交软件和新媒体拓展信息发布渠道

主场外交期间的许多政府主体行为与市民日常生活息息相关。北京市政府可以利用更多的社交软件和社交媒体，如微信公众号、专业化 App 等模式，对外实时更新必要的信息。这些信息主要涉及市民日常的工作生活，包括可能出现的临时性交通管制和车流拥堵情况、会议期间公共交通安检标准升级的要求、一些景区短期更改开放时间等。当前，由于人们在日常生活中对社交软件的依赖度大大提升，一些手机应用、社交媒体已成为大众获取信息的主要手段，北京市政府在未来可开发相关的信息发布渠道，提升主场外交期间信息更新速度，更好地在城市管理上平衡居民日常工作生活和国家外交活动之间的关系，通过开放和提升信息传播，将对大众造成的一些不便利和可能出现的管理危机降到最低。

（三）志愿者招募国际化

发展国际交往新城的一项重要任务，就是提升地区的国际化水平。在主场外交软环境建设中，志愿者不仅应该在服务上专业化，也需要在来源上国际化，让参会来宾和各国媒体得到更为多元的体验。北京作为中国高校资源最为集中的城市，每年都有大量的留学生前来访问学习，中国科学院大学雁栖湖校区的建立，又为外来志愿者招募提供了地理上的便利，一些专业背景过硬且具备语言优势的留学生亦可参与到主场外交的志愿者服务中来。此外，因主场外交的“多边性”，北京市和怀柔区政府也可参考一些西方国家的经验，适当从其他国家招募一些志愿者，一来符合北京市和怀柔区的国际交往城市定位，二来也可对一些中国目前尚缺的专业型志愿者做必要的补充。

（四）在基础设施中突出技术优势

为更好地建设“绿色创新引领的高端科技文化发展区”，怀柔区政府在主场外交期间可将一些最新的技术运用到硬件设施建设中。在这方面，北京市和怀柔区政府已经有了几项积极实践，如 2014 年 APEC 峰会期间对纯电动公交车的推广和 2017 年“一带一路”峰会期间对 4.5G 超高速网络的应用等。在未来的实践中，怀柔区政府需将“绿色环保、创新、科技”几项要素继续融合在硬件服务设施的建设中，同时对于已经引入的优势技术，需要加强后期配套技术服务，将整个硬件设施建设中的技术投入规范化、标准化、系统化。

（五）参与更多“非传统”议题的国家主场外交

怀柔区和雁栖湖地区过去承担的两项国家主场外交任务主要以政治和经济议题为主。在未来的实践中，雁栖湖地区可根据自身发展的特色，协助北京市政府和中国政府承担更多“非传统”领域的主场外交活动。目前，雁栖湖的生态发展示范区建设和生态治理都获得了初步成效，雁栖湖模式已被视为中国转变经济增长方式、推动可持续发展和环境保护的一项实践典范。基于此，怀柔区政府可考虑协助北京市和中国政府争取一些涉及“环境保护”“可持续发展”等相关内容的非传统议题主场外交承办权，以自身成功的发展经验为中国在这些非传统领域获得更多的国际话语权。

第九章　从《纽约时报》看北京城市形象的国际传播*

欧　亚**　熊　炜***

[本章导读] 本研究选取全球最有影响力的报纸《纽约时报》作为观察北京国际媒体形象的一个指针，并结合问卷调查和访谈的结果，分析北京国际形象传播中存在的问题及可能的行动路线。研究发现，北京的国际形象不仅是由北京城市本身的情况决定的，更大程度上是由中国复杂的国情决定的。北京城市形象的国际传播需要理念和模式上的突破，以及与之相适应的机制安排。

城市形象是一种主观印象，是经由大众传播、人际传播以及个人经历、环境等多种因素共同作用而成的。从传播学的角度看，这是一个主观见诸于客观的信息处理过程，取决于公众对各种渠道所获取的有关城市信息的接触、加工、理解和记忆。按照美国学者李普曼的观点，由于现代社会的复杂化和巨大化，社会公众无法对外部环境中的众多事物产

* 本章内容是北京市教委共建项目“城市营销视角下的北京市外宣策略研究”和北京市对外交流与外事管理研究基地“新媒体环境下北京城市形象的传播策略研究”的研究成果。外交学院外交学专业研究生朱颖、张家妮以及本科生张蕾为本研究做了数据搜集工作。本章初稿曾发表于《对外传播》2016年第6期。

** 欧亚，北京对外交流与外事管理研究基地执行主任、外交学院外交学与外事管理系副教授。

*** 熊炜，外交学院外交学与外事管理系教授。

生直接经验，要依赖大众传媒报道所营造的“拟态环境”去认识外部世界。对绝大多数没有来过北京的国际公众来说，北京超出了他们的直接经验范围：是不可见、不可触、不可理解（out of sight，out of reach，out of mind）的，大众媒体对北京的报道构成了北京的媒体形象，并凭借传播的持续性、重复性和广泛性，成为海外民众认知、接触、理解、评价北京的参考依据。

一、研究背景

通过对北京城市形象国际传播的前期研究，我们发现，国外受众将其所在国的主流媒体和国际知名媒体作为获取有关北京信息的主要媒体渠道，中国传统外宣媒体的作用较为边缘化。即使他们来北京后，国际主流媒体仍然是他们选择的主要媒体渠道（见图9—1、图9—2）。

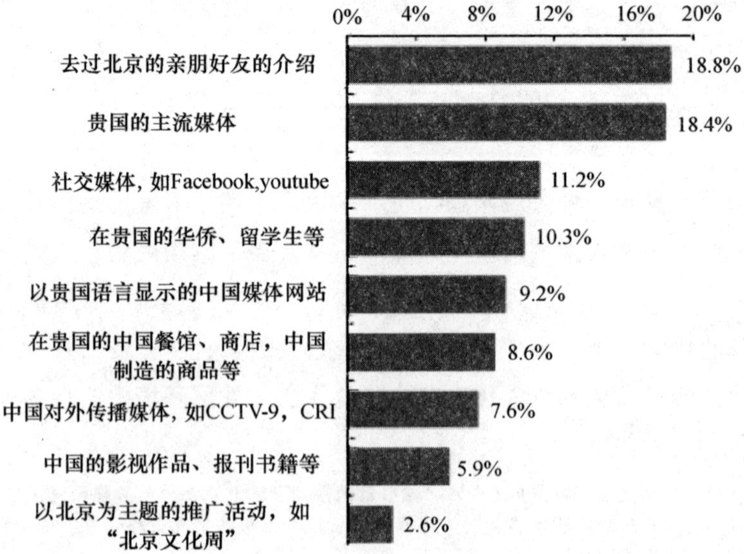

图9—1　在京外籍人士未来北京之前了解北京的信息渠道

资料来源：作者根据问卷信息自制。

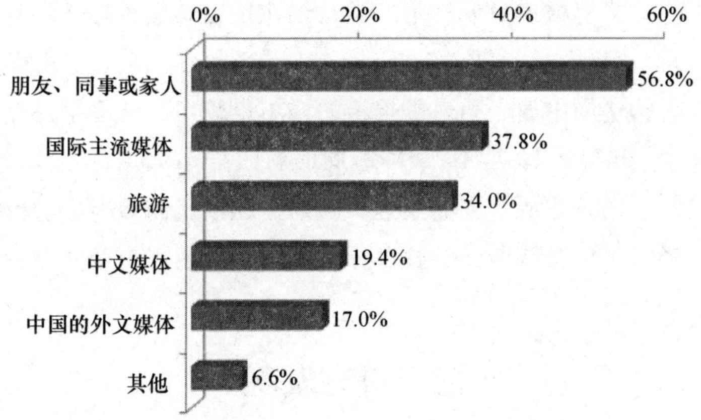

图 9—2　在京外籍人士来北京之后了解北京的信息渠道

资料来源：作者根据问卷信息自制。

这意味着，国际公众所能接触到的北京媒体形象并不是以“以我为主”来定义和阐释的，而是在国外媒体尤其是西方主流媒体的报道中被建构和传播的。对绝大多数没有来过北京的国际公众来说，国际媒体是他们认识和评价北京的重要信息渠道和参考依据，影响了他们头脑中关于北京的图像。

因此，我们选取全球最有影响力的报纸《纽约时报》作为观察北京国际媒体形象的一个指针，并结合问卷调查和访谈的结果，分析北京国际形象传播中存在的问题及可能的行动路线。

二、研究方法

此项研究以“Beijing”为关键词，在 Lexis Nexis Academic 数据库中搜索从 2006 年到 2015 年这十年所有提及“Beijing”一词的报道，每年随机抽取 2 个构造周，排除广告、新闻索引等文章，共得到有效报道 442 篇。

前期研究发现，这些报道可以分成两种基本类型：第一类是以北京发生的事件为主要报道对象；第二类是仅在报道其他新闻事件时提及了 Beijing 一词。

因 2 个构造周中属于第一类报道的样本量较少，又逐年补充抽取了 2 个构造周，共得到 10 年 40 个构造周的有效样本 73 篇，以新闻版面、体裁、篇幅、消息来源、新闻主题、引语、立场偏向等指标进行编码。

第二类报道以新闻版面、提及原因和提及次数三个指标进行编码。

三、研究发现

（一）北京的提及率逐年上升，2008 年奥运会带来北京的高曝光度

同亚洲的另外一个世界级城市东京做对比，从 2006 年到 2015 年这十年间，Tokyo 和 Beijing 这两个词在《纽约时报》中的提及率如图 9—3 所示。2008 年北京奥运会期间，《纽约时报》对北京的关注达到高峰，与 Beijing Olympic Games 直接相关的报道达到 499 篇，2008 年之后虽然报道量有所回落，但也维系在较高的水平上，这说明北京在国际媒体中具有较高的存在感。

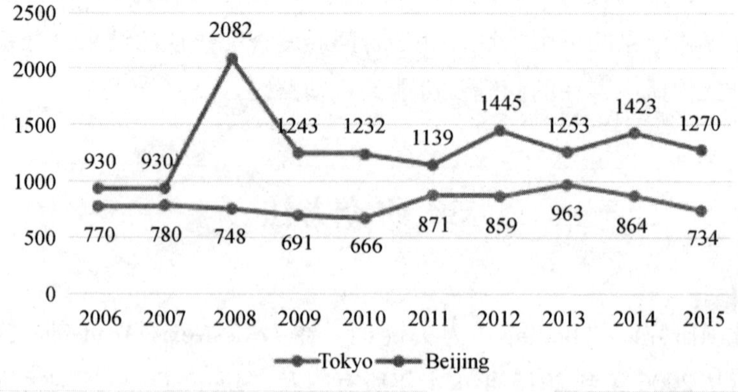

图 9—3　2006—2015 年 Tokyo & Beijing 在《纽约时报》中的提及率

资料来源：作者根据问卷信息自制。

（二）北京是代表中国和中国政府的政治符号

在442篇报道中，有391篇、近九成的新闻报道（88%）仅在报道其他新闻事件时提及Beijing一词，Beijing在这类报道中的出现频率一般为1—2次/篇。提及原因是：接近一半的新闻（47%）报道中国/中国政府在国内外重大事件中的立场、态度、决策和行动时，以Beijing指代中国/中国政府；近两成的新闻（17%）在报道中提到北京奥运会（Beijing Olympic Games）；略超一成的新闻报道（13%）中提到与北京相关的文化活动。相比之下，《纽约时报》以东京指代日本政府的情况不多见，一般集中于东京本地发生的文化、社会等新闻事件的报道。可见，北京在《纽约时报》中的典型形象是代表中国或中国政府的政治符号。

（三）对北京的报道多集中于政治领域，多选择负面题材

在报道议题上主要集中于政治领域，占总量的56%，其次是文化议题（23%）、社会议题（13%）以及经济议题（7%），对二级议题的分析发现报道多涉及负面题材。以政治议题为例，对内管制（含言论控制）、人权、对外限制、宗教等方面的报道较为负面（见表9—1，议题数量为叠加计算）。

表9—1 政治议题的报道量

一级议题	政治									
二级议题	对内管制	人权	社会治理	对外交往	对外限制	国家声誉	宗教问题	司法裁决	民族问题	意识形态
报道数量	26	15	15	9	5	5	4	2	1	1

资料来源：作者根据问卷信息自制。

在消息来源上，《纽约时报》样本报道中的消息来源多样，涉及国内外政府官员、专家学者、工商界人士、媒体记者、NGO和普通民众

等，信源分布具有广泛性和全面性，中国国内信源的引用比例高于国外信源（69%），中国政府官员和专家学者是被引用频率最高的信源。在冲突性事件上，《纽约时报》一般会引用多方信源，进行平衡报道。

对所有以北京为报道对象的新闻进行关键词分析并进行可视化，可见图9—4：

图9—4　以北京为报道对象的新闻关键词

资料来源：作者自制。

（四）对北京的深度报道多采用冲突框架

以北京为主的报道中，1000字以上的深度报道约占2/5。在新闻叙事上，《纽约时报》通过对新闻事件及核心情节、历史、背景、观点的选择和重组，来描述和解释北京“正在发生什么”，以及这些事件是如何与其他社会事件、更深层次的社会心理、宏观的政治权力结构相联系的。这类报道多采用冲突框架，即强调个人、群体机构或国家间的冲突，占到深度报道的一半以上（53%），只有少量议题采用了将一个话题或问题产生或解决方法的责任归咎于政府、个人或群体的责任框架（23%），以新闻事件将带给个人、群体、机构、宗教或国家投入—产出影响的经济结果框架（13%），以个人故事或感性角度来报道事件、话题的人情味框架（10%）。

令人失望的是，其中最多被采用的冲突框架不仅用于对北京社会治理、涉及人权和宗教问题上的报道，而且即使是文化主题方面的报道，也会被置于政治权力冲突—控制的框架下。以 2011 年 4 月 4 日的一篇深度报道为例，其新闻由头是位于北京天安门广场的新国家博物馆即将全面开放，新闻导语即别有用心地描述了一个冲突性的场景："在中国国家博物馆，那些对近代中国复兴之路感兴趣的参观者可以看到邓小平访美时所戴的牛仔帽，也能瞻仰胡锦涛在汶川地震后鼓励灾民共渡难关时用的大喇叭，但是对'文化大革命'感兴趣的参观者只能在一个不起眼的角落里看到一张照片和三行文字说明，这是大到有 200 平方英尺空间的中国国家博物馆对那段历史的唯一展示。"接下来，新闻叙事主要按照上述场景隐含的两条线索交叉展开：一条是博物馆对展出内容的设置，按照政治需要美化了古代史，突出了鸦片战争以来近代史的某些内容又淡化了另外一些内容，导致展出了开头场景中所述的平淡无奇的展品；另一条是博物馆曲折的重建过程，中国高层领导希望以一个世界首屈一指的博物馆来帮助获取奥运会主办权的北京提升城市形象，也同时能成为代表中国崛起的丰碑。

不仅如此，必须指出并且加以批评的是，他们在社会和体育议题的深度报道上，也多采用冲突框架。例如，2008 年 4 月 6 日的某篇报道也有意选取北京和上海的两位单身母亲为个案，片面报道中国政府实行的生育和户籍政策令单身母亲面临困境，即使其拥有良好的经济条件，能够独自抚养孩子，但仍会面临舆论压力；2011 年 8 月 19 日的某篇报道则以中国国家少年篮球队成员要求更换教练的事件为新闻由头，以前体操冠军在北京街头乞讨、某些运动员退出国家队选择职业道路、相关部门禁止不愿穿戴指定赞助商标志运动服的"体制外"赛车手参加比赛等事件为新闻背景，分析中国体育部门在人才培养方面的弊端以及对运动员个体权益的“漠视”。由此可见，冲突框架下的新闻报道倾向性多是负面的。

（五）奥运会作为重大和典型的“媒介事件”，增加了北京城市形象的多元性

因为北京奥运会的召开，2008 年《纽约时报》以北京作为报道对象的新闻数量比 2006 年和 2007 年增加了近两倍。这些报道从较为多元化的视角展现了一个既有市民高度热情参与、满怀民族自豪感和爱国情感高升的场景，又有激进分子、民运人士抗议噪音；既有高效的奥运会筹备、组织和服务水平，又有政府实施临时政策、进行社会动员、不惜以高昂代价保证“完美”效果，同时受空气质量困扰的奥运会，并通过奥运会这条主线细致、深入报道了北京古代和现代的城市建筑、饮食文化、艺术活动等，尤其是对北京市普通市民生活的 5 篇报道，展现了北京的社会风貌和风土人情，并对的士司机的热情等细节进行了描述。这些报道所呈现的北京是一个复杂、多元、立体的城市形象，构建了北京的“富形象”（Rich Image）。虽然奥运结束后，《纽约时报》对以北京为主的报道量有所回落，但是 the Olympic/Olympics/ the game 等词是这十年中和 Beijing 一起出现的频率最高的词组之一。

综合来看，《纽约时报》所呈现的北京城市形象较为单一且负面，政治色彩较浓；作为中国/中国政府的指代语，北京总是同中国参与的国际事件和国内发生的重大事件联系在一起，不论是正面还是负面，这意味着，北京的国际形象不仅是由北京城市本身的情况决定的，更大程度上是由中国复杂的国情决定的。这种现状显然不利于北京形象的国际传播。因为当大众媒体将城市与某一类事件联系在一起时，城市形象容易刻板化，造成只有当某一类事件发生时，城市才会得到关注和报道，即使跟城市关联的某类负面情况有所改变，媒体因报道模式的“惯性”，也难以及时反映这种变化。

如前文所述，海外公众的信息接触习惯以及中国传统外宣媒体在国际传播中相对边缘和弱势的地位，导致我们的传播体系同海外公众之间仍然存在“接口”问题，单纯依靠外宣媒体并不易“平衡”国际媒体中呈现的较为负面的北京形象。

为了从策略上解决这一问题，需要理念和模式上的突破，以及与之相适应的机制安排。

第一，在传播什么样的北京形象上，首要的目标是去政治化。政治层面和意识形态层面，我们的话语体系和西方的话语体系很难建构共通的意义空间，这不是依靠传播本身就能解决的问题。通过去政治化内容的传播，根据奥运会的经验，能够增加受众理解北京的维度。此外，北京作为后发的世界级城市，国际形象传播的诉求点应是包容。区别于西方媒体用“他者”和“异己”的视角去描述北京，北京要提倡中华传统文化中“和而不同”的价值理念：我们不一样，但是我们彼此宽容、接纳和尊重。

第二，在去政治化的传播中，政府部门的主要职能是整合资源和提供服务。北京市外宣办、新闻办和对外文化交流协会是挂了三块牌子的一个机构，传统上，对外文化交流协会并没有发挥太大作用，而北京市旅游局等部门也实际承担着部分外宣工作。北京需要从机制上通过定位于服务型的文化机构而不是政治宣传机构，来提供一个外连其他文化体育、旅游、商业机构的服务平台，以更灵活的方式来统一协调城市形象的国际传播。

第三，在传播渠道上重视能同国外受众建立接触点的信息传播渠道。对于国际媒体，既然我们不可能完全改变他们的立场和“坏新闻才是好新闻”的报道规范，那么就要参与他们的传播过程，尽可能让他们的报道援引我们的观点，包括提供新闻线索和背景，即使记者报道的是负面事件，但是在报道中若引用了我们的观点和态度，就能够起到一定的纠偏作用。

更重要的是，要利用新媒体的参与性和互动性，激活旅游者、投资者、留学生等在京外籍人士体验和分享北京文化的意愿。比如，可以由上述文化机构提供一个 APP，所有到了北京机场的外籍游客可以通过扫描二维码添加。APP 除了提供在北京生活、旅游的实用信息，还可以有嵌入互动性的设计，例如听京剧就可以上传自己照片，生成京剧脸谱风格的卡通图像，录一段自己唱京剧的视频直接发到个人的社交媒体平台，让他们感到北京是好玩的、是可以体验与参与的。也就是说，新媒体环境下的传播是将信息和观点引入目标群体，让他们互相进行分享和传播。这需要我们充分理解互联网的逻辑，进行北京城市形象传播的顶层设计与思路变革。

第十章　城市外交如何体系化：解析副省级城市在外事领域的“外溢”表现*

张　鹏**

［**本章导读**］副省级城市在中国对外关系工作大局中具有特定地位。目前国内的15个副省级城市中，省会型副省级城市有10个。国家有选择地明确一些城市的副省级地位，在社会和经济领域进行计划单列，对于这些城市的外事或对外关系发展而言，有明显的“外溢”效应，例如上述城市在对外经贸、吸引外资和对外投资领域皆有突出表现。同时，城市社会与经济发展的计划单列也促成了城市在外事侨务友协和港澳台事务、外宣和对外文化交流、海关口岸出入境和其他垂直条线等几大块外事工作体制机制上的“外溢型”升格和调整。在新的时代条件下，省会型副省级城市普遍以国际化发展战略为抓手，以创新型国际化制度安排为突破口，充分调动内外经济、社会资源打造其特有城市品牌。以国际化发展战略的清晰程度和制度安排的创新性为指标，杭州市、广州市在城市国际化发展角度相对走在同类城市前列。

现有的副省级城市是改革开放的产物。在近十年来中国由“省域经

* 本研究得到上海市哲学社会科学规划项目：“提升中国对外关系展开中的城市参与度研究”（课题编号：2017ECK002）和上海外国语大学校级一般项目“中国对外关系展开中的城市参与研究”（课题编号：20161140035）的支持。

** 张鹏，上海外国语大学公共关系学系副教授。

济”向“城市群经济”转型的过程中，这些城市在地方政府创新、市场主体发展和社会组织培育等方面又发挥了新的作用，是中国省与市之间存在的几种“市的亚类型”。[①] 副省级城市的“前身”是建国以来就存在的计划单列市，计划单列意味着把“省级经济管理权限直接下放给特定城市，把特定城市的财政和税收直接纳入国家计划”。[②] 因此，计划单列首先是一个经济管理概念。改革开放后的近 40 年里，特别是在 20 世纪八九十年代，计划单列市在数量上因国家和地方省市发展的需要，经历了不少调整。特别是 1993 年 7 月 2 日，中共中央印发《关于党政机构改革的方案》（以下简称《方案》）和《关于党政机构改革方案的实施意见》。《方案》规定：除重庆、深圳、大连、青岛、宁波、厦门仍保留计划单列市外，其余省会城市不再实行计划单列。[③] 之后，以 1994 年中央机构编制委员会发布并施行中编［1994］1 号文件为标志，明确之前已被列为计划单列城市的省会城市取消计划单列，同时设立“副省级城市”，原有 14 个计划单列市和杭州市、济南市共 16 个市被正式确定为副省级城市。再到 1997 年重庆市直辖，自动失去计划单列市身份。20 多年来的中国副省级城市格局保持着这样的形态：以武汉、沈阳、广州、哈尔滨、西安、长春、成都、南京、杭州、济南这 10 个城市为省会型副省级城市，大连、青岛、宁波、厦门和深圳这 5 个非省会城市仍保留计划单列，同时列入副省级城市序列。[④]

---

① 郁建兴：“中国地方治理的过去、现在和未来”，《地方治理》2018 年第 1 期，第 68 页。

② 史宇鹏、周黎安：“地区放权与经济效率：以计划单列为例”，《经济研究》2007 年第 1 期，第 19 页。

③ 俞荣新：“新中国成立以来我国计划单列市的历史演进”，《党史文苑》2014 年第 4 期，第 52 页。文章同时提到，1994 年 5 月，中央机构编制委会第六次会议指出：“将计划单列市确定为副省级市，加强了省级机构统筹规划和协调的地位和作用，减少了省与计划单列市之间因权限划分不清引起的矛盾和扯皮。副省级城市中仍实行计划单列的，按照有关规定继续享受原有的管理权限；不再实习计划单列的，原来中央赋予的权限原则上暂不改变；对原来不是计划单列的，其权限需要调整变动的，由所在省和中央有关部门协商后确定”。

④ 按 1994 年中央编办确定的顺序为：深圳、广州、厦门、南京、杭州、宁波、武汉、成都、西安、济南、青岛、大连、沈阳、长春、哈尔滨等 15 个城市（重庆因 1997 年直辖而不再列入）。随着时代的发展，中国的副省级行政区划目前还有上海浦东新区和天津滨海新区，以及伊犁哈萨克自治州。21 世纪以来，中国国内的国家级新区建设次第展开，在经济管理权限的赋权上各有探索。2017 年设立的雄安新区，其党工委主任兼管委会主任已位列河北省委常委。

总体上，在改革开放各阶段，国家有选择地明确一些副省级城市，使其在社会和经济领域进行计划单列，对于这些城市本身的外事或对外关系发展而言，有明显的“外溢”效应，特别是涉外经济领域，上述城市在对外经贸、吸引外资和对外投资领域皆有突出表现。在最新的国家总体外交外事工作的重要部署中，副省级城市也被单列。① 本章的主要任务，则是论证城市社会与经济发展的计划单列也促成了城市在外事侨务友协和港澳台事务、外宣和对外文化交流、海关口岸出入境和其他垂直条线等几大块外事工作体制机制上的升格和调整。特别是对武汉、沈阳、广州、哈尔滨、西安、长春、成都、南京、杭州、济南这 10 个省会型副省级城市的国际化发展战略与制度安排进行案例研究，以验证计划单列在外事领域的“外溢”效应如何在中央和地方两个层面得以实现。

一、副省级城市计划单列的“外溢”逻辑

“外溢”（Spillover）是功能主义理论（Functionalism）中的重要概念，被广泛应用于社会学、政治学与国际关系学研究。功能主义理论对欧洲一体化进程初期阶段和战后国际组织的大发展产生了极大影响。时至今日，许多活跃在世界上的国际组织仍有明显的功能主义印记。战后社会学功能主义流派从功能主义理论到新功能主义的发展，特别是其对“外溢”概念的修正和发展值得政治学与行政学等相关学科领域予以关注。这里的“外溢”类似于香槟酒从上到下、从一到多地在香槟塔上流动。新功能主义批评米特兰尼功能主义的自动衍生或扩展性（doctrine of ramification）逻辑过高估计了功能合作的效应。② 新功能主义强

---

① 如 2018 年 6 月 22—23 日召开的中央外事工作会议中，“各省市区”和“计划单列市”并列，组成“各省市区和计划单列市”。

② 米特兰尼功能主义的自动衍生或扩展性（doctrine of ramification）逻辑参见 David Mitrany, *A Working Peace System: an Argument for the Functional Development of International Organization*（hicago: Quadrangle Books, 1966）C, p. 56。

调，“外溢”不是一个自动过程，而是一个能动过程，它的实现依赖于一系列基本变量与条件的成熟，否则就会发生“环溢”（spill-around）或“溢回”（spill-back）等现象。“外溢”概念是新功能主义的核心概念，后来的新功能主义理论发展可以说是围绕这一概念发展的。[①] 本章认为，“外溢”效应对某一社会领域的发展形成了明显的“增量”（increment）效果，在对外关系上也是如此。[②]

在尊重历史事实的前提条件下，我们必须承认，中国副省级城市概念的前身“计划单列市”（Municipalities with Independent Planning Statues）概念源自计划经济时代，中国在20世纪50年代、60年代即实行过两次城市计划单列。[③] 改革开放后，重庆市于1983年成为第一个在新的历史时期进行经济体制改革试点的计划单列市。[④] 当时国家和地方对于计划单列的理解是：“第一，把重庆作为一个相当于省一级的计划单位，在国家计划中单列户头；第二，在国家计划中，所有计划指标，包括经济、科技、社会发展计划指标，都对重庆实行单列；第三，在制定和执行计划、管理经济上，赋予重庆相当于省的权力。”[⑤] 1985年12月的《国务院办公厅转发体改委、国家计委关于继续落实和完善七城市计划单列工作报告的通知》，对计划单列市的权限进行了明确说明：“计划单列市和省级计划单位一样，拥有省级经济管理权限，在国家计划中

① 潘忠岐：“新功能主义扩溢理论及其批判”，《上海交通大学学报（哲学社会科学版）》2003年第5期，第9—10页。也有相关研究对“外溢”概念进行再细分，认为“外溢”包括功能性外溢、技术性外溢和政治性外溢等，参见房乐宪：“新功能主义理论与欧洲一体化”，《欧洲》2001年第1期，第13—16页。至于“后功能主义”的“管辖权再造”，参见李明明：“后功能主义理论与欧洲一体化”，《欧洲研究》2009年第4期，第33—45页。

② 参见张鹏：“作为中国主场外交‘增量’的民间对外关系”，第十届“金仲华国研杯”研究人员组获奖论文，已进入《国际展望》审稿阶段。

③ 笔者尚未发现计划经济时代在经济管理领域苏联或当时的其他社会主义国家设立计划单列市的资料。已发现的文献中指出，20世纪60年代的重庆计划单列，只“在很有限的几个方面具有相当于省的计划、经济管理权”，这应当也是五六十年代计划单列市的普遍情况。参见白和金：“重庆市的‘计划单列’与计划体制改革”，《经济与管理研究》1984年第4期，第15—16页。

④ 参见《中共中央、国务院原则批准中共四川省委、省人民政府〈关于在重庆市进行经济体制综合改革试点意见的报告〉》，1983年2月8日。

⑤ 参见《国务院办公厅转发四川省人民政府转报的〈关于贯彻落实中央指示搞好重庆市综合改革试点的报告〉的通知》，1983年4月4日。

单列户头，其经济和社会发展各项计划全面单列，直接纳入全国计划综合平衡、统筹安排，并直接参加全国性的各种经济活动”。① 的大连、青岛、宁波、厦门和深圳等五个城市皆为1984—1988年期间获国务院批准的单列城市，在经济和社会发展方面纳入全面计划单列范畴。②

有意思的观察是，这些中国城市一旦在经济管理权限上被纳入国家计划单列范围，获得的不仅仅是经济效率提升，改革成效还显著“外溢”到社会福利领域。③

既然经济领域的计划单列能够在逻辑和实证上对增进社会福利产生“外溢”效应，那么在城市外事（foreign affairs）或对外关系（external affairs）领域，中国的副省级城市又会有怎样的变化呢？武汉、沈阳、广州、哈尔滨、西安、长春、成都、南京、杭州、济南这十个省会型副省级城市在外事管理领域的“外溢”效应该如何体现，是本章的研究重点。

二、十个省会型副省级城市在外事管理领域的“外溢型”扩权

为什么说十个省会型副省级城市能够在外事领域获得“外溢型”扩权，主要是基于中央外事工作领导小组的建制和一般地级市的外事工作而言。首先，观察中央层面的外事工作领导小组建制，可以明显发现

① 参见《国务院办公厅转发体改委、国家计委关于继续落实和完善七城市计划单列工作报告的通知》（国办发［1985］89号）。文件同时指出“在经济体制改革新形势下的计划单列，同六十年代曾实行过的计划单列有很大的不同。它是作为发挥大城市经济中心作用的一项重要措施提出来的”。

② 具体时间分别为大连市（1984年7月13日批准）、青岛市（1986年10月15日批准）、宁波市（1987年2月24日批准）、厦门市（1988年4月18日批准）、深圳市（1988年10月3日批准）。

③ 参见史宇鹏、周黎安：“地区放权与经济效率：以计划单列为例”，《经济研究》2007年第1期，第17—28页。文中还提到了一个比较生动的例子，根据原国家体改委周少华司长的说法，在计划单列之前，重庆市的企业如果第二天要给工人加班费，就必须连夜坐火车到成都去请求批示，在计划单列之后显然不再需要这么做了。

中央外事层面的重心是国家安全。① 而作为副省级城市，其外事工作大量延展与“外溢”到经济和社会领域。其次，观察一般地级市外事工作，因其经济管理权限无法与计划单列市相提并论，缺少海关、口岸、出入境检验检疫等垂直条线外事管理方面的有力抓手，相对而言，十个省会型副省级城市在这个层面上又获得外事领域的“外溢型”扩权。以下对这两个层面的由计划单列引发的外事领域“外溢型”扩权进行进一步研究和举证。

前文中已提到，武汉、沈阳、广州、哈尔滨、西安、长春、成都、南京、杭州、济南这十个省会型副省级城市，改革开放以来，国家对于副省级城市的调整如表10—1所示：

表10—1　改革开放以来中国副省级城市的设立、取消和简况表

序号	副省级城市名称	计划单列起始时间	取消计划单列身份时间	2017年城市常住人口＊＊	2017年国内生产总值（GDP）总量＊＊＊
1	重庆	1983年2月8日	1997年3月14日	3075.16万人	19500.27亿元
2	武汉	1984年5月21日	1994年2月25日	1089.29万人	13410.34亿元
3	沈阳	1984年7月11日	1994年2月25日	829.40万人	5865.00亿元
4	大连	1984年7月13日	—	698.70万人	7363.90亿元
5	广州	1984年10月5日	1994年2月25日	1449.84万人	21503.15亿元
6	哈尔滨	1984年10月5日	1994年2月25日	955.00万人	6355.00亿元
7	西安	1984年10月5日	1994年2月25日	905.68万人	7469.85亿元
8	青岛	1986年10月15日	—	929.05万人	11037.28亿元
9	宁波	1987年2月24日	—	801.00万人	9846.90亿元
10	厦门	1988年4月18日	—	401.00万人	4351.18亿元
11	深圳	1988年10月3日	—	1252.38万人	22438.29亿元
12	长春	1989年2月11日	1994年2月25日	748.90万人	6530.00亿元

① 目前，中央外事工作领导小组（中央国家安全领导小组）的组成人员，除组长、副组长、秘书长由国家主席、副主席、主管外事的国务委员担任外，组员分别来自中宣部、中联部、外交部、国防部、公安部、国家安全部、商务部、国台办、港澳办、国新办、国侨办。从组成人员构成来看，重心在国家安全领域。

续表

序号	副省级城市名称	计划单列起始时间	取消计划单列身份时间	2017 年城市常住人口＊＊	2017 年国内生产总值（GDP）总量＊＊＊
13	成都	1989 年 2 月 11 日	1994 年 2 月 25 日	1604.50 万人	13889.39 亿元
14	南京	1989 年 2 月 11 日	1994 年 2 月 25 日	833.50 万人	11715.10 亿元
15	杭州	—	1994 年 2 月 25 日明确为副省级城市	946.80 万人	12556.00 亿元
16	济南	—	1994 年 2 月 25 日明确为副省级城市	732.12 万人	7201.96 亿元

资料来源：作者自行整理。

＊杭州、济南两市数据在虚线框内标出，两市并未在改革开放后列为计划单列市，而是在 1994 年与已有的 14 个计划单列市被中央编办通过中编［1994］1 号文件明确为副省级城市。

＊＊资料来源为各城市 2017 年国民经济与社会发展统计公报，城市人口为该市常住人口，其中大连因 2017 年公报中人口数据为户籍人口，因此采用其 2015 年常住人口数据。各城市户籍人口数据可查民政部编：《中华人民共和国行政区划简册（2017）》，中国地图出版社 2017 年版。

＊＊＊资料来源为各城市 2017 年国民经济与社会发展统计公报。

如表 10—1 所示，武汉、沈阳、广州、哈尔滨、西安、长春、成都、南京、杭州、济南这十个省会型副省级城市在城市人口和经济体量上存在明显差距，大连、青岛、宁波、厦门和深圳这五个计划单列市（非省会型副省级城市），无论是在人口指标还是经济总量上，都能够与副省级省会城市相当，大连、青岛两市在经济水平上甚至要超出所在省份的副省级省会城市。人口集聚是城市化水平的象征，经济繁荣是城市对外关系发展的基础，那么省会型副省级城市在外事和对外关系领域的配套改革和权限情况，特别是与其在经济管理上享有省一级权限相比，会是怎样的情形呢？

为了回答这个问题，这里首先对本章使用的城市“外事领域”

(foreign affairs administration divisions)[①] 概念进行辨析，并形成分析框架。理解城市外事领域，可以用“两步走”的方式：一是城市外事管理在“总体外交”或“大外事”中的位置；二是城市具体的外事领域可能分为哪些层次。

本章认为，从一般意义上讲外事，各外交外事部门应是一个整体，中央政府和地方政府的外事部门处于同一个大的系统之中，这在理论上被理解为“总体外交”,[②] 在中国的实践中体现为党对外交外事工作的统一领导。因此，本章所说的城市外事管理（也有相关研究表述为“城市外交”），首先是宏观的中国外事管理或“大外事”的一部分。中国学者对“外事管理”的定义是：“一种具有宏观性质的行政管理，是对包括外交在内的一切涉外行政事务的管辖和处理。”[③] 同时，给出了中国外事管理的五条基本原则：第一，维护国家主权和利益的原则；第二，对外开放原则；第三，外事工作授权有限原则；第四，内外有别原则；第五，国际主义原则。[④] 即广义上的对外事务（foreign affairs）“是相对国内事务而言的，泛指一切涉外事务”。[⑤] 这些表述能够帮助外事研究者和实务工作者理解“大外事”，但还没有细分“外事领域”。

夏书章教授在20世纪80年代主编的《行政管理学》中对“外事管理”（foreign affairs administration）的概念规范是：“外事管理是行政机关对涉外事务进行管理，建立和保护正常的对外关系。它包括外交活动管理、对外经济贸易活动管理、对外文化交流管理以及国际旅游活动

---

① 这一译法参考了上海市人民政府外事办公室英文版官方网站对其各内设机构的英文翻译，本文对“外事领域”（foreign affairs administration divisions）这一中英文概念的使用，则要超出外办内设机构的范畴，是从城市的整体对外关系层面谈“外事领域”，接近于经济学研究中的“国民经济部门”概念。

② 时任外交部长的唐家璇在1998年接受《人民日报》采访时曾这样表述“总体外交是形势发展的需要和必然。当前形势下的外交早已超过了狭义的外交概念，而是包括政治、经济、科技、文化、军事、民间等多个领域的总体外交，内涵深刻，需要各方通力合作，共同奋斗”。转引自张毅君：“说‘总体外交’”，《世界知识》2000年第6期，第40页。

③ 王福春主编：《外事管理学概论》，北京大学出版社2003年版，第8页。

④ 同上，第78—80页。

⑤ 黄金祺：《外交外事知识与技能》，世界知识出版社1997年版，第5页。

管理。”[①] 这一表述已涉及到指导对城市具体外事领域的划分。随着改革开放的深入，党和政府对外事领域的理解和分类也在与时俱进，例如2012年11月，中国共产党第十八次代表大会召开，大会报告文本中明确表示：“我们将积极参与多边事务，推动国际秩序和国际体系朝着公正合理的方向发展。我们将扎实推进公共和人文外交，维护我国海外合法权益。我们将开展同各国政党和政治组织的友好往来，加强人大、政协、地方、民间团体的对外交流，夯实国家关系发展社会基础。”这一表述从党中央的高度，将外事领域分为国家、党际、人大、政协、地方、民间团体等层面。落实到城市具体的外事领域，同样具有鲜明的指导意义。另外，1998年8月，中共中央、国务院决定撤销“国务院外事办公室”，组建“中央外事工作领导小组办公室”（简称“中央外办”）。中央外办作为中央外事工作领导小组办事机构，列入中共中央直属机构序列。这也在体制机制上给地方省市设立党委统一领导下的外事工作领导小组树立了样板。

根据党对外事的统一领导原则，从实践层面而言，目前国内大中城市党委以及一些县级市党委普遍成立了城市外事工作领导小组（部分为委员会），城市具体的外事领域划分可以参照城市党委外事工作领导小组成员安排进行梳理。现有十个省会型副省级城市的市党委外事工作领导小组情况如表10—2所示：

表10—2 十个省会型副省级城市外事工作领导小组情况简表

序号	计划单列市	外事工作领导小组（或同级组织）全称	外事工作领导小组组长、办公室主任（或同级人员）
1	武汉	武汉市委外事工作领导小组 （另有“设立武汉城市国际化推进委员会”政协提案）	市委书记、市外侨办主任
2	沈阳	沈阳市委外事工作领导小组	市委书记、市外办主任

① 夏书章主编：《行政管理学》，山西人民出版社1985年版，第56页。

续表

序号	计划单列市	外事工作领导小组（或同级组织）全称	外事工作领导小组组长、办公室主任（或同级人员）
3	广州	广州市委外事工作领导小组 另有“广州国际城市创新大会”（广州奖）组委会	市委书记、市外办主任 广州市长、世界城市与地方政府组织、世界大都市协会三方代表
4	哈尔滨	哈尔滨市委外事工作领导小组	市委书记、市外侨办主任
5	西安	西安市委外事工作领导小组 （另有《西安市国际化大都市建设促进条例》市人大立法计划）	市委书记、市外侨办主任
6	长春	长春市委外事工作领导小组	市委书记、市外侨办主任
7	成都	成都市委外事工作领导小组	市委书记、市外侨办主任
8	南京	南京市委外事工作领导小组	市委书记、市外办主任
9	杭州	杭州市委外事工作领导小组、杭州市城市国际化推进工作委员会	市委书记、市外侨办主任 市委书记、市长“双主任” 市发改委主任
10	济南	济南市委外事工作领导小组	市委书记、市外侨办主任

资料来源：本表为作者自行整理。整体而言，各计划单列市外事工作领导小组的组成人员总体上对标了中央外事工作领导小组组成人员所在部门，但增加了许多经济和科教文卫职能部门，与省级行政单位的外事工作领导小组规模一致。与一般地级市相比，在体制机制上更加健全。

通过对十个省会型副省级城市外事工作领导小组工作内容、组织结构的观察，结合城市外事领域的理论划分，可以将计划单列市的“外事领域”用表10—3来表示：

表10—3　省会型副省级城市“外事领域”结构表

层次	内容	省会型副省级城市相关机构配置	备注
1	国家安全、公共安全、外事侨务友协、港澳台事务	国防、国安、公安出入境、外事、侨务、友协建制齐全； 港澳台事务建制齐全	目前正在进行国防警备分区改革

续表

层次	内容	省会型副省级城市相关机构配置	备注
2	对外宣传、对外文化（包括科教文卫体）交流、外专、旅游发展	对外宣传办公室建制明确； 对外文化交流、旅游发展特色显著	
3	对外经济贸易和国际金融、对外援助、外资外汇管理	属于对外经贸交流、利用外资和对外投资的区域中心城市； 城市承接国家对外援助项目，有对外援助培训基地落户	
4	海关、口岸、海事、边防、出入境检验检疫等涉外垂直管理领域	全部属于海关总署直属海关、国家一类口岸城市，边防检查总站试点城市（厦门、深圳）； 出入境检验检疫建制完整	
5	涉外社会组织管理等其他外事工作	有国际组织落户、国际化社区管理经验	

资料来源：本表为作者自行整理。主要划分依据参考了五个计划单列市外事工作领导小组工作内容和组织结构等。

尽管目前还没有省会型副省级城市探索外事领域的“大口党委制”，① 以及在实际工作中省市外事工作领导小组属于决策机构还是咨询机构仍有认识上的不统一，② 但就省会型副省级城市的外事工作领导

① 大口党委制在上海这座超大城市已行之有年，目前上海的大口党委有：科技工作党委、教卫工作党委、建设交通工作党委、金融工作党委、经信工作党委、合作交流工作党委、社会工作党委、市级机关工作党委、国资委党委和市场监管工作党委。大口党委作为市委的派出机构，将全市的政府部门和机构按照产业或行业划分为若干大口，由市委派出的大口党委进行归口管理。根据《中国共产党章程》，“党的中央和地方各级委员会可以派出代表机关”，这是大口党委设置的依据所在。

② 参见郭文博：“我国外事管理体制存在的问题及其解决对策——以黑龙江省为例”，黑龙江大学2016年硕士学位论文。该论文作者从实际工作角度出发，认为黑龙江省委外事工作领导小组属于省外事工作中的咨询机构，理由是省委外事工作领导小组“负责传达中央外事精神”，而省政府因“负责制定外事年度活动方案、签署与国外友好省州交流协议等”，是省级外事管理的决策机构，省委、省人大则在地方党际交往、地方议会交往中有决策权。本文认为，黑龙江省委外事工作领导小组在省外事工作中的地位问题值得商榷，需要更充分的实地调研进行求证。

小组工作内容和组织结构，以及省会型副省级城市的“外事领域”规模和分类而言，在体制机制上对不断“外溢”的城市外事管理进行创新型统筹安排，已经具备相应基础。总的来说，表10—2、表10—3呈现出计划单列市外事工作的“多元一体”性质，即根据城市外事工作领导小组的组织结构和工作内容，可以抽象出城市“外事领域”的多元化，但这种多元化本身又是一体化的，从经济到社会，无论城市外事内容如何“外溢”，都不会离开党对外事的统一领导。

从经济管理领域省会型副省级城市“计划单列”中的涉外条目，到城市外市侨务、城市外宣和对外文化、城市对外经贸及投融资、城市涉外垂直管理和涉外社会组织管理的全面铺开，改革开放近40年来，省会型副省级城市外事管理领域的“外溢型”扩权不仅在范围上明显加强，在内容建设上也需要不断顺应时代发展，做出及时和合规的调整。总揽省会型副省级城市的外事工作，既需要加入大量经济社会发展的实务性内容，而不能完全类比中央外事工作的高度政治性；又需要与自身拥有的省级经济管理权限相适应，抓住省会型副省级城市外事管理领域的“外溢”部分，与一般地级市拉开距离。这对于省会型副省级城市的外事管理者而言，是存在政治智慧方面考验的课题。

三、省会型副省级城市国际化发展制度安排的创新性评估

通过表10—3“省会型副省级城市‘外事领域’结构表”可以大致理解省会型副省级城市打造其国际化城市品牌的范畴，这是十个副省级城市国际化发展共有的基础性框架。然而，在此框架内，各省会型副省级城市国际化发展制度安排的创新性各异。从表10—2中可以明显发现，武汉、广州、西安、杭州在十个副省级城市国际化发展制度安排上较之其他六个同级城市更为丰富，特别是“广州国际城市创新大会”（广州奖）和杭州市城市国际化推进工作委员会这两套常设性制度安

排，使得广州市、杭州市在十个省会型副省级城市的国际化发展中居于突出位置，体现出这两个城市的国际化发展战略具有更高清晰程度和制度安排的创新性。[①] 其中，“广州国际城市创新大会”（广州奖）重在“借力”，杭州市城市国际化推进工作委员会重在“创制”。

（一）借力“世界城市和地方政府联合组织”（UCLG）大会的广州经验

世界城市和地方政府联合组织（简称 UCLG）是由世界城市协会联合会、地方政府国际联盟（简称 UIV 或 IULA，成立于 1913 年）和世界大都市协会（简称 WAMM，成立于 1985 年）为共同探讨解决全球化和城市化带来的挑战等问题而于 2004 年 5 月合并成立的，是目前世界上最大的地方政府联合组织，有“地方政府联合国”之称，总部位于西班牙巴塞罗那。

截至 2015 年底，世界城市和地方政府联合组织拥有超过 140 个国家、1000 多个城市和地区会员与 155 个全国性地方政府协会（LGAs）的会员。[②] 该组织致力于解决城市问题，促进世界城市共同繁荣，并代表会员城市开展与有关国际机构和团体的对话与合作。其理事会则由来自 80 多个国家的 324 名代表组成，负责组织的政策制定和监督实施，每年召开一次理事会会议。[③] UCLG 下设八个地区分会名单：非洲区、亚太区、欧洲区、欧亚区、中东及西亚区、拉丁美洲区、北美区、大都市协会分会。上海、天津、广州于 2004 年作为创始会员加入该组织，重庆、武汉、大连、哈尔滨、长春、郑州、海口、南宁等城市也相继加

---

① 另外，沈阳市委十三届七次全会审议通过了《沈阳市建设东北亚国际化中心城市规划（2018—2030 年）》；南京市委、市政府曾出台《加快推进城市国际化行动纲要（2012—2015 年）》；长春市在市外办层面发布《东北亚区域性中心城市国际指标体系》；成都市曾在市发改委层面出台《成都市国际化城市建设 2025 规划》等，但通过研读文件和访谈，在城市国际化工作的正式制度安排上，广州市、杭州市相对更加明确。

② United Cities and Local Governments（UCLG）：*Annual Report 2015*，pp. 4 – 5.

③ 参见世界城市和地方政府联合组织（UCLG）官方网站：http：//www. uclg. org/ 姚朝文：“地方政府大型国际会务管理中的多样性文化创意因素：以 2009 世界城市与地方政府联合组（UCLG）世界理事会会议为例”，《2011 广东社会科学学术年会——地方政府职能与社会公共管理论文集》，第 242—246 页。

入，目前中国共有17个会员城市（省）由中国人民对外友好协会统一管理与协调中国城市和地方政府参与该组织的各类活动。2005年6月，北京市政府与中国人民对外友好协会曾联合举办世界城市和地方政府联合组织世界理事会会议。2011年世界城市和地方政府联合组织世界理事会会议暨广州国际友城大会则吸引了来自60多个国家、210多个城市和地方组织的逾千名代表出席大会。[①]

广州在参与世界城市和地方政府联合组织建设方面有一个突出的事例，即2007年10月，经中国人民对外友好协会推荐并报广东省政府、中华人民共和国外交部、中华人民共和国国务院批准，时任广州市长张广宁代表世界城市和地方政府联合组织亚太区成功当选世界城市和地方政府联合组织联合主席。这是中国城市市长首次当选地方政府层面的国际组织领导人。这一事例也体现出广州市在央地协同方面的整合能力。2013年10月，世界城市与地方政府组织（UCLG）第四届世界大会在摩洛哥拉巴特市召开期间，UCLG举行世界理事会会议，选举产生新一届UCLG主席团。广州市市长陈建华作为亚太区候选人，成功当选UCLG联合主席，实现了中国城市市长在这一职位上的第三次连任。借助履行联合主席职责之利，广州市加入了世界城市和地方政府联合组织信息社会委员会、城市交通委员会和城市战略规划委员会，这为学习和引进国际先进城市的经验和技术，促进广州经济社会发展带来了不小的助力。[②] 同时，广州市借助世界城市和地方政府联合组织与联合国、世界银行、世界卫生组织、欧盟等重要国际组织和机构建立的合作伙伴关系，拓宽了广州的国际交往网络。不仅如此，广州的城市建设经验也通过UCLG平台成为国际公共产品。2014年11月，广州市长代表UCLG主席团，主持“城市管理和公共服务创新”为主题的UCLG世界理事会会议。在随后召开的第二届广州国际城市创新奖及2014年中国国际友城大会暨广州国际城市创新大会上，广州的公众参与决策、城市智能化

① 贺林平、罗艾桦：“世界城市和地方政府联合组织世界理事会会议暨广州国际友城大会在穗举行”，《人民日报》2009年11月14日，第3版。

② 参见 http：//www. gzwaishi. gov. cn/Item/4720. aspx，检索时间：2018年10月23日。

管理、城市规划、行政审批制度改革、生活垃圾分类处理、民生基础设施建设等6个方面的经验也通过参与国际评议、评奖的形式得到全球推广。广州国际城市创新奖的设立，体现出广州的城市化顶层设计。

广州市与世界城市和地方政府联合组织的互动证明，在得到中央政府支持的前提下，中国地方政府“借力”参与对外关系也能够达到组织国际资源的效果。[①] 这种地方层面的对外活动设计与行动，最终使国际资源充分“落地”，形成中国超大城市国际资源整合能力的又一侧面。在这个意义上，广州的此类国际资源整合活动赋予了其某种全球城市之实。

（二）杭州市城市国际化推进工作委员会的“创制”型制度安排

杭州市为浙江省省会，是副省级城市。2016年G20杭州峰会使这座城市在世界面前“惊艳亮相”，2022年杭州又将承办第19届亚运会。以2016年7月《中共杭州市委关于全面提升杭州城市国际化水平的若干意见》（以下简称《意见》）、[②] 2016年12月杭州市政府《关于实施“标准化+”行动计划，提升城市国际化水平的实施方案》（以下简称《方案》）、[③] 2018年4月杭州市人大通过的《杭州市城市国际化促进条例》（以下简称《条例》）[④] 以及杭州市政协的《倡议设立“杭州国际日”让杭州增加国际化金名片》提案（以下简称《提案》）[⑤] 并于当年9月5日首次举行的杭州国际日活动等为标志，两年多来杭州的城市国际化水平正在不断加速提升。

《意见》提出，杭州城市国际化的具体内容分为：“打造具有全球

① 俞锋：“地方政府上行政治参与：欧洲经验及其对中国的启示”，《武汉大学学报（哲学社会科学版）》2011年第4期，第114页。

② 全文参见中共杭州市委、杭州市人民政府官方网站：http：//www. hangzhou. gov. cn/art/2016/7/20/art_ 812255_ 1445883. html。

③ 全文参见中共杭州市委、杭州市人民政府官方网站：http：//www. hangzhou. gov. cn/art/2017/1/9/art_ 1241194_ 3960. html。

④ 全文参见《杭州日报》2018年6月21日，第6版。

⑤ 相关摘要参见中共杭州市委、杭州市人民政府官方网站：http：//www. hangzhou. gov. cn/art/2018/5/3/art_ 812255_ 17867586. html。

影响力的‘互联网+’创新创业中心、国际会议目的地城市、国际重要的旅游休闲中心、东方文化国际交流重要城市等四大个性特色，加快形成一流生态宜居环境、亚太地区重要国际门户枢纽、现代城市治理体系、区域协同发展新格局等四大基础支撑，持续推进历史文化名城、创新活力之城、东方品质之城和美丽中国样本建设，确保杭州继续稳居全国大城市发展第一方队，努力把杭州建设成为‘独特韵味、别样精彩’的世界名城。”

在制度安排上，杭州于2017年创制了目前副省级省会型城市里独有的杭州市城市国际化推进工作委员会（简称“推委会”）。据公开资料显示，目前该委员会构成形式是：

杭州市城市国际化推进工作委员会下设办公室，办公室设在市发改委，市发改委主任兼任办公室主任，市委宣传部副部长、市发改委副主任、市经信委副主任、市旅委副主任、市西博办副主任兼任办公室副主任。

杭州市城市国际化推进工作委员会下设九个专委会：①

（1）打造具有全球影响力的“互联网+”创新创业中心推进专委会，杭州市常务副市长牵头领导，办公室设在市经信委；

（2）打造国际会议目的地城市推进专委会，杭州市副市长牵头领导，办公室设在市西博办（会展办）；

（3）打造国际重要的旅游休闲中心推进专委会，杭州市副市长牵头领导，办公室设在市旅委；

（4）打造东方文化国际交流重要城市推进专委会，由一位中共杭州市委常委、一位杭州市副市长共同牵头领导，办公室设在市委宣传部；

（5）建设一流生态宜居环境推进专委会，杭州市副市长牵头领导，办公室设在市建委；

（6）建设亚太地区重要国际门户枢纽推进专委会，杭州市常务副

① 参见杭州市发改委官方网站：http：//www. hzdpc. gov. cn/ztzl/ztzl_ csgjh/201701/t20170119_ 43395. html。

市长牵头领导，办公室设在市发改委；

（7）建设现代城市治理体系推进专委会，杭州市两位副市长牵头领导，办公室设在市城管委；

（8）建设区域协同发展新格局推进专委会，杭州市三位副市长牵头领导，办公室设在市经合办；

（9）建设城市国际化标准推进专委会，杭州市常务副市长牵头领导，办公室设在市质检局。

在这样的工作制度安排下，杭州的城市国际化工作得以快速推进。在“推委会”成立一年多后，到2018年4月27日，杭州市十三届人大常委会第十一次会议表决通过了《杭州市城市国际化促进条例》（以下简称《条例》），并报省人大常委会批准后公布施行。“《条例》出台，意味着具有全局指导意义的地方性法规将对城市国际化推进工作予以规范和保障。《条例》从产业国际化、城市环境国际化、公共服务国际化、文化国际交流融合等四个方面出发，树立了杭州城市国际化发展的风向标。”

从2016年7月的《中共杭州市委关于全面提升杭州城市国际化水平的若干意见》，到成立杭州市城市国际化推进工作委员会，再到2018年4月杭州市人大常委会通过《杭州市城市国际化促进条例》，杭州市仅用三年时间就完成了城市国际化推进工作的系列制度安排，这套“创制”方法、速度和体系，是同类副省级省会城市可以借鉴的。同时，这也可以被认为是杭州城市国际化的一种制度品牌。

综上所述，中国是一个大国，又是一个具有内部多样性特征的国家，孕育出大量既统一、又多元的地方和城市文明。“南橘北枳”的典故说明了中国内部自然环境上的差异；“56个民族是一家”唱出不同民族共同构成了中华民族大家庭；东部、东北、中部、西部四大经济板块的划分又表明中国地区间发展状况不一；各种方言、饮食、服饰、戏剧、建筑构成识别地方特色的文化表征等。在城市总量上，根据《中华人民共和国行政区划简册（2016）》提供的数字，目前中国境内有4个直辖市、291个地级市和361个县级市。[①] 这些并非学理化的描述和易于观察到的现象，使得无论是生活在中国的普通人，还是对中国有所了解的外国人，都能不同程度地体会到中国各地明显的差异性。随着在全世界范围内的人口向城市集聚，城市文明在国家、民族和文化代表性方面的地位空前提高。对发展中的中国而言，超大城市和特大城市的发展仍有巨大空间，有些中国城市已从整体上向“全球城市”[②] 迈进。

副省级城市是中国改革开放的产物，这些城市在经济管理领域的“计划单列”，使得它们在对外经贸、涉外投资等城市经济外事管理方面首先获得突破，并对其外事侨务、外宣外文、涉外垂直管理部门发展及涉外组织管理等城市“外事领域”的发展产生了明显的“外溢”效用，事实上让这些城市获得了大量城市外事管理方面的“外溢型”扩权。同时，随着全球化时代的深化发展以及分化重组，全球城市网络越来越成为全球政治经济体系中重要的一环，城市国际形象与国际公关的使命已直接摆在城市各主管部门的面前。副省级城市外宣体制机制建设在中央外事体制内拥有与之相适应的计划单列地位，自身内外组织机制完善，一些城市还发展出体制机制领域的自身特色。

同时需要指出的是，从横向比较角度而言，省会型副省级城市在国际化建设方面的体制机制建设并不整齐划一，在打造城市国际化品牌的效果上也有差别，这些城市在探索符合自身发展实际的各项外事领域管理经验方面还有巨大的学习互鉴空间。

---

① 中华人民共和国民政部编：《中华人民共和国行政区划简册（2016）》，中国地图出版社2016年版。实际上，每一年中国的行政区划都有不少调整，城市数量呈现上升趋势。“镇级市”甚至“村级市”的讨论都已不鲜见。

② 全球城市被认为是“具有全球经济、科技、信息、文化资源配置能力，全球综合服务功能和世界发展潮流引领带动力的现代化国际大都市”。全球城市必然在某一种或某几种资源上具备全球资源配置的能力。参见张鹏：“论中国超大城市的国际资源整合能力”，《国际观察》2017年第1期。

第十一章　日本在东南亚的城市外交及对中国的启示[*]

查　雯[**]

[**本章导读**] 无论是对中国还是日本而言，东南亚地区都具有极高的战略价值。在该地区，中日两国既有合作，也存在一定程度的竞争。本研究回顾日本在东南亚开展的城市外交活动，并提出20世纪80年代末以来，日本的城市外交出现了明显转型，日本自治体不再满足于象征意义更强的友城关系，城市外交的形式更加多样化，且更加注重实效，自治体的外交活动也对中央政府外交形成了有益补充。本研究对转型的原因进行了剖析，并在此基础上提出，无论是在城市外交发展的方向还是实施城市外交的组织结构上，日本的经验都为中国提供了有益的参考。

东南亚是“21世纪海上丝绸之路”的第一站，中南半岛同时也是“丝绸之路经济带”的重要分支。东南亚国家的首都和重要城市既是本国经济的增长极，也是“一带一路”的重要节点，其中很多城市仍面临基础设施落后的发展瓶颈，具有参与“一带一路”建设的巨大潜力。大力开展与节点城市的城市外交，将对“一带一路”倡议的推进形成

---

* 本章部分内容曾发表于《外交评论》2016年第6期，刘云、周幻曾为本章部分数据的收集提供帮助。

** 查雯，外交学院国际关系研究所副教授。

有力支撑，也将促进中国城市和地方政府的外交活动进一步融入国家整体外交的大战略中。

鉴于东南亚重要的战略地位，以日本为代表的很多区域外国家都在东南亚展开了城市外交互动。如果以友好城市的缔结作为参考指标，早在1965年，日本就在该地区缔结了第一对友好城市关系。[①] 而中国在东南亚地区的友城工作直到1982年才逐渐开展起来。[②] 20世纪80年代末以来，日本的城市外交进入快速发展阶段，日本自治体不再满足于象征意义更强的友城关系，城市外交的形式更加多样化，且更加注重实效，自治体的外交活动也对中央政府外交形成了有益补充。鉴于此，剖析日本在东南亚地区的城市外交实践将为中国地方政府开展国际活动提供有益借鉴。

此外，从国家整体外交的角度来看，无论是对中国还是日本来说，东南亚地区都具有极高的战略价值。对日本而言，在外交方面，东南亚国家曾在二战期间饱受日本侵略者蹂躏，修复并强化与东南亚国家的联系，对日本在亚洲乃至全球舞台上奠定大国地位起着决定性作用；在经济方面，东南亚国家既是日本重要的出口市场和投资目的地，也是原材料及能源的主要供应地；在安全方面，东南亚国家扼守海上交通要道，关系到日本的能源与军事安全，这一地区还有诸多美国的盟友，处理好与这些国家的关系决定了日本能否为美国的联盟体系提供有力支撑。鉴于此，东南亚一直是日本外交工作中的重点。同样地，对中国而言，地理位置、自然资源和相互联系等多方面因素，共同决定了东南亚在中国外交工作中的重要地位。在东南亚，中国与日本既有合作，也存在明显的竞争关系。在这样的大背景下，考察城市和地方政府在日本东南亚外交中扮演的角色，理解城市外交对日本整体外交形成的支撑作用，将为

① 1965年，日本的横滨市与菲律宾的马尼拉市成为友好城市。自治体国际化协会，“姉妹都市提携一览表”，http：//www. clair. or. jp/j/exchange/shimai/kibou. html，2016年1月20日登陆。

② 1982年，中国的杭州市与广州市分别与菲律宾的碧瑶市与马尼拉市成为友好城市。见中国国际友好城市联合会，“友城统计”，http：//www. cifca. org. cn/Web/You Cheng TongJi. aspx，2016年1月20日登陆。

我国的东南亚外交提供重要参考。

一、日本城市外交发展趋势的数据分析

日本城市外交工作起步较早。早在1955年12月，长崎市就与美国明尼苏达州的森特·波尔市结成了第一对姐妹城市。到2014年为止，日本缔结的友城总数达到1661对，其中与亚洲城市缔结的友城关系共计588对，占总数的35.4%。图11—1描绘了日本友城数量的变化趋势。不难看出，从1995年至20世纪80年代中期，日本缔结的友好城市数量稳步增加。20世纪80年代后期，日本城市外交进入快速发展阶段，友城增长速度明显加快，仅在1994年一年，日本就缔结了72对友城关系。然而，1995年后，日本友城数量的增加开始放缓。2014年，日本仅缔结了1对友城。单就友城数量而言，中国与东南亚城市缔结的

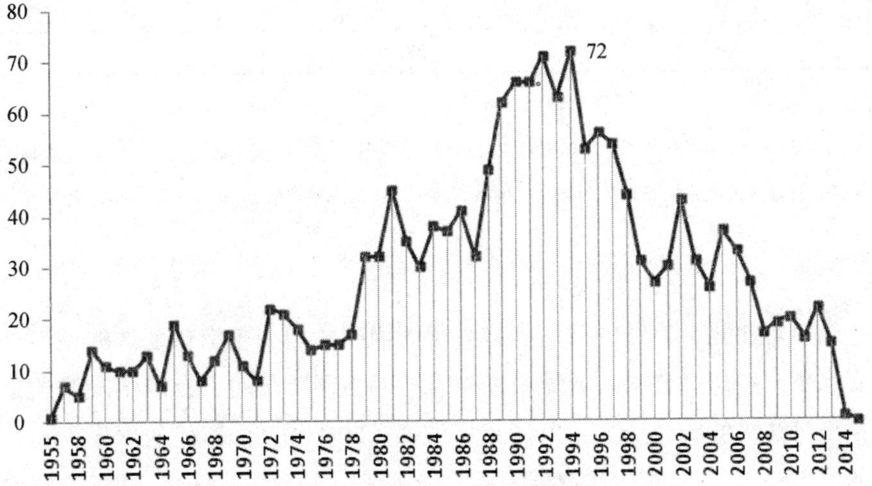

图11—1 日本友好城市数量变化趋势（1955—2014年，单位：对）

数据来源：自治体国际化协会，“姐妹都市提携一览表”，http://www.clair.or.jp/j/exchange/shimai/kibou.html，2016年1月20日登陆。

友城数量总数已经远超日本。截至 2015 年，中国与东南亚城市缔结了 154 对友城，而日本仅缔结了 38 对（见表 11—1）。与此同时，中国在东南亚地区的友城分布更为合理，东盟 10 个成员国均与中国存在友城关系。

表 11—1　中日在东南亚地区缔结友好城市数量对比（单位：对）

	日本	中国
文莱	0	1
柬埔寨	1	13
印度尼西亚	7	20
老挝	0	11
马来西亚	2	10
缅甸	0	7
菲律宾	18	27
泰国	7	30
新加坡	0	1
越南	3	34
总计	38	154

数据来源：自治体国际化协会，“姐妹都市提携一览表”，http：//www. clair. or. jp/j/exchange/shimai/kibou. html，2016 年 1 月 20 日登陆；中国国际友好城市联合会，“世界各国与我国建立友好城市关系一览表”，http：//www. cifca. org. cn/Web/WordGuanXiBiao. aspx，2016 年 1 月 20 日登陆。

尽管如此，单纯的数量优势并不能说明中国在东南亚地区的城市外交水平已经超过日本。就城市外交发展的不同阶段而言，缔结友城关系是相对初级的交往形式，象征意味较强。20 世纪 90 年代初以来，日本的城市外交工作便不再满足于此，合作形式更加多样化。以菲律宾为例，该国是距日本最近的东南亚国家，同为美国的军事盟友，日本还是菲律宾最大的贸易伙伴。① 早在 1965 年，日本的横滨市就与菲律宾的马

① UN Comtrade Database，http：//comtrade. un. org/data/，2015 年 12 月 20 日登陆。

尼拉市成为友好城市，这是日本与东南亚城市缔结的第一对友城关系。但自 1994 年后日菲两国再未缔结过友城关系，到目前为止，日菲之间也仅存在 18 对友城关系，低于中菲之间的 27 对。[①] 然而，日本自治体与菲律宾地方政府的合作却并未终止。此外，日本与文莱、老挝、缅甸三国虽未缔结友城关系，但如下文所示，城市外交却采取了向地方政府派遣日本专家、邀请地方官员赴日培训的形式。再看新加坡，两国虽没有友城关系，但日本城市外交的牵头机构——日本自治体国际化协会（the Council of Local Authorities for International Relations，下文简称 CLAIR）在新加坡设有海外办公室，可以说新加坡已经成为日本城市外交向整个东南亚地区辐射的核心。以上这些都从不同角度反映出，友城增速的放缓并不能说明日本城市外交工作出现了停滞不前的局面。

事实上，日本的城市外交已经不再局限于友好城市，而是向更加深入的方向发展。从合作形势看，目前日本在东南亚开展的城市外交活动大致可分为两类：国际交流（International Exchange）与国际合作（International Cooperation）。国际交流主要是指地方政府以建立跨国政治、经济、文化联系为主要目标的国际活动。除建立姐妹城市关系以外，日本地方政府目前在东南亚地区开展的“国际交流”活动还包括“日本交流与教学项目”以及“地方政府交流与合作研讨会”等。在国际交流不断发展的基础上，20 世纪 90 年代初日本自治省提出“从交流到合作”的口号，为地方政府进一步参与外交事务提供了有力支持，同时也为日本城市外交工作提出了新的目标：日本自治体的外交活动将不仅局限于友好关系的“象征”意义上，而应该增加更多实质性内容。[②] 在这样的政策指导下，自治体不仅在协助中央政府执行官方开发援助（Official Development Assistance，下文简称 ODA）项目上发挥了更大作用，同时还逐渐成为 ODA 的提供者，这尤其体现在为发展中国家的地方政府提供技术援助上，具体项目包括“专家派遣工程”和“地方政府官

---

① CLAIR，“International Exchange”，http：//www. clair. or. jp/e/exchange/index. html，2016 年 1 月 20 日。

② Purnendra Jain，*Japan's Subnational Governments in International Affairs*（New York：Routlege，2005），p. 87.

员培训项目”等。[①]

二、日本城市外交发展的原因分析

如前文所述，20 世纪 80 年代末，日本城市外交进入了快速发展阶段，这不仅体现在友城数量的快速增加上，也体现在合作形式的日益多样化，以及地方政府在国际合作上投入加大等诸多方面。本章认为以下几个因素共同推进了日本城市外交的发展。

（一）结构性因素

随着冷战的结束，国家面临的外部安全威胁得到极大缓解。同时，全球化进程的推进加深了不同国家之间的相互依赖。随之而来的两个变化是，外交议程的极大延展以及国内政策与外交政策界限的模糊。[②] 面对日益复杂的政策环境，一方面，中央政府在处理国际事务时面临的压力急剧增加，其垄断外交事务的信心有所下降；另一方面，中央政府在一些问题上的缺位引起了地方政府的不满，后者参与国际事务，通过国际合作为自身发展问题寻求解决之道的愿望随之加强。[③] 此外，科技进步带来的交通运输、通讯成本的下降，强化了地方政府独立参与国际事务的能力，减少了它们对中央政府或大型企业资源的依赖。[④] 在这样的背景下，各国中央政府开始了向地方放权的过程。

不仅如此，地方政府参与国际事务还得到来自超国家层面的支持。进入 20 世纪 90 年代以后，国际社会逐渐形成这样一个共识，即全球问

① Purnendra Jain, *Japan's Subnational Governments in International Affairs* (New York: Routlege, 2005), p. 91.

② Brian Hocking, *Localizing Foreign Policy: Non-Central Governments and Multilayered Diplomacy* (New York, N. Y. : St. Martin's Press, 1993), p. 15.

③ Ibid. ; also see James Rosenau, *Turbulence in World Politics: A Theory of Change and Continuity* (Princeton: Princeton University Press, 1990), p. 3.

④ David Arase, "Shifing Patterns in Japan's Economic Cooperation in East Asia: A Growing Role for Local Actors?", *Asian Perspective 21*, No. 1, 1997, p. 41.

题（如环境污染等）实际源于地方活动。1992年6月在巴西里约热内卢召开的联合国环境与发展大会上，与会各国领导人通过了旨在促进全球可持续发展的重要文件——《21世纪议程》。《21世纪议程》明确强调城市和地方政府在实现可持续发展中的作用，议程的多项条款（如6.34.d和7.20.d）均建议各国城市积极参与国际合作，建立并参加“跨国城市网络”（transnational city network），通过网络组织交流经验，获得国内及国际层面的技术与资金支持。[①] 此后，全球范围内涌现出一批跨国城市网络，仅就可持续发展一个议题而言，类似组织的数量就从1982年的8个增加到2004年的49个。[②]

面对这一国际潮流，日本自治体也积极响应，先后设立了3个跨国城市网络：1987年，在联合国亚太经济与社会委员会（UNESCAP）、联合国开发计划署（UNDP）、联合国人居署（UN-HABITAT）的支持下，日本名古屋市议会通过决议，成立“城市网络”（CityNet），1992年Citynet又在横滨市设立了秘书处，至今该组织已吸纳了42个东南亚城市成为其成员。[③] 2000年，北九州清洁环境倡议（Kitakyushu Initiative for a Clean Environment）在北九州市成立，该组织接受UNESCAP的指导及日本政府的资金资助，曾有19个东南亚城市成为该组织成员。[④] 2002年，东京都又提议成立了“21世纪亚洲主要都市网”（Asian Network of Major Cities 21，下文简称ANMC21），总部就设在东京，在东盟10国中，有7个国家的首都已经成为该组织的会员。[⑤] 可以说，日本已成为亚洲地区多边城市外交的重要领导者。

---

① UN，“Agenda 21”，file：///D：/%E4%B8%93%E9%A2%98/city%20diplomacy/city%20to%20city%20networks/Agenda21.pdf，2015年12月20日登陆。

② 关于跨国城市网络的发展，参见Marco Keiner and Arley Kim，“Transnational City Networks for Sustainability”，*European Planning Studies*，15：10，2007，p.1372。

③ 作者根据组织网站信息统计，2013年该组织总部迁往韩国首尔，参见CityNet，http：//citynet-ap.org，2015年6月17日登陆。

④ 该组织于2012年关闭。Stefan Niederhafner，“Comparing Functions of Transnatioinal City Networks in Europe and Asia”，*Asia Europe Journal*，No. 11，2013，p.390。

⑤ 作者根据组织网站信息统计，参见ANMC21，http：//www.anmc21.org/english/member/index.html，2015年6月17日登陆。

（二）中央政府援助外交的促进作用

除了顺应国际潮流，日本中央政府的外交政策（尤其是援助外交）也为自治体在东南亚地区开展国际合作创造了重要条件。从20世纪70年代开始，随着日本经济发展水平的提升，日本向发展中国家提供的ODA也不断增加。根据不同的ODA计算方法，在20世纪80年代末和90年代初，日本曾一度超过美国等西方发达国家成为全球最大的ODA提供国。[①] 90年代初经济泡沫破裂后，日本迫于财政压力调整了其ODA政策，ODA总量于90年代后期停止了增长，甚至在一些年份出现了下滑（见图11—2）。尽管如此，在ODA总量未提高的前提下，日本援助政策明显向东南亚国家倾斜，并始终保持在较高水平（见表11—2）。日本中央政府的援助在弥补二战期间日本给东南亚国家带来的战争创伤方面起到了积极作用，并在一定程度上扫除了日本自治体在这一地区开展国际合作的障碍。

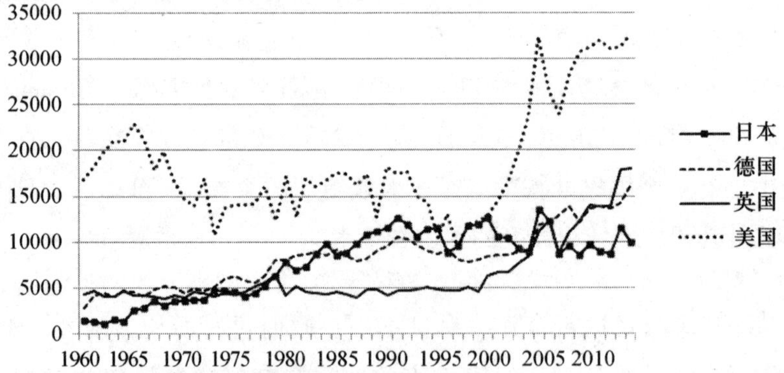

图11—2 日本、德国、英国、美国净ODA总量对比（1960—2014）（单位：百万美元）

数据来源：Organization for Economic Cooperation and Development，“Official Development Assistance（ODA）Dataset”，https：//data. oecd. org/oda/net－oda. htm，2016年1月31日登陆。

---

① David Arase，“Introduction”，in David Arase，ed.，*Japan's Foreign Aid*：*Old Continuities and New Directions*（New York：Routledge，2005），p. 1.

表 11—2 日本对东南亚六国 ODA 对比（单位：百万美元）

	1960	1970	1985	2010
菲律宾	4.8	4.3	151.9	870
泰国	0.1	3.8	186.8	286
印度尼西亚	2.5	29	176.7	2018
缅甸	3.7	2.7	105.5	2163
越南	0.2	0.3	0.4	1415
马来西亚	0.0	0.5	96.8	182

注：以 2000 年美元价格计算。

数据来源：Edward M. Feasel, *Japan's Aid: Lessons for Economic Growth, Development and Political Economy*, New York: Routledge, 2015, p. 50.

除了改善外交大环境以外，ODA 在促进城市外交方面还发挥了更为直接的作用。从日本方面看，自 90 年代初以来，日本 ODA 政策的执行经历了“中央向地方放权”的过程，负责 ODA 执行工作的两大机构——日本国际协力机构（Japan International Cooperation Agency）与日本国际协力银行（Japan Bank for International Cooperation）也加强了与自治体的合作。[①] 据专业人士估计，本世纪初，每年由日本都、道、府、县独立执行的 ODA 项目多达 500 个。[②] 从受援国的角度看，日本政府向发展中国家提供的经济援助采取“申请制”，即由受援国政府提出援助申请，日本政府再予以审批。在实践中，援助申请很少出自受援国的中央政府，而是城市和地方政府。这主要是因为，相对于前者，后者真正了解援助项目的必要性及可行性。[③] 受援国的地方政府经常与在本地经商的日本公司进行合作，对日本中央政府进行游说。随着 ODA 向地方放权进程的推进，与日本地方政府建立友好联系也成为影响日本

① Jain, Japan's Subnational Governments in International Affairs (New York: Routlege, 2005), pp. 107 – 08.

② Ibid., pp. 98 – 99.

③ Edward M. Feasel, Japan's Aid, " Lessons for Economic Growth, Development and Political Economy" (New York: Routledge, 2015), p. 56.

ODA 决策的重要途径。[①] 从这个角度讲，日本中央政府的 ODA 政策，为本国及受援国的地方政府提供了正向的经济激励，从两个方向促进了城市外交的发展。一个典型的例子就是，泰国黎逸府与日本岛根县的横田町共同发起了在泰国乡村学校推广日本算盘使用的教育项目，最终该项目获得了日本中央政府的 ODA 资助，这不仅使泰国地方政府受益，同时也挽救了横田町濒临破产的算盘产业。[②]

（三）中央政府政策的局限性

中央政府成功的外交政策为日本城市外交的发展提供了便利条件，与此同时，前者面临的各种制约也刺激着后者，促使后者通过走向国际舞台来解决自身问题。从国际形势看，日本 ODA 政策在不同层面受到国际社会的批评。首先，日本以往的 ODA 政策侧重于拓宽日本产品的国际市场。日本政府在二战结束后对东南亚国家的战争赔款，以及此后的 ODA 援助，都曾极大地促进了日本产品的出口，满足了日本商业团体的利益。[③] 然而，随着日本经济实力的不断增强，其将对外援助与本国产品进行捆绑的做法招致了包括美国在内的西方国家的激烈批评。20 世纪 80 年代后期，在国际社会的压力下，日本政府开始将援助项目与购买日本产品脱钩。有数据显示，1987 年，日本企业赢得了 55% 的与援助项目相关的合同，而到了 1999 年，这一比例下降至 19%。[④] 换言之，在促进商业利益的实现方面，传统的、由中央政府所掌控的外交政策工具正在失去功效。在这样的背景下，地方政府面临着更大的来自地方商业团体的压力，这也成为地方政府积极参与国际事务、发展跨国合作的主要动力之一。其次，日本以往的 ODA 项目侧重受援国基础设施的建设，而较少关注贫困、环境等问题的应对，这一做法也受到越来越

---

① Jain, Japan's Subnational Governments in International Affairs (New York: Routlege, 2005), pp. 46 – 49, 91.

② Ibid., p. 94.

③ Feasel, Japan's Aid, "Lessons for Economic Growth, Development and Political Economy" (New York: Routledge, 2015), pp. 30 – 46.

④ Arase, "Introduction", p. 4.

多的批评。[1] 在调整其ODA政策的过程中，日本中央政府更加注重技术援助，同时也逐渐意识到，地方政府在应对各类发展问题方面积累了宝贵的经验技术，这也迫使中央政府进一步承认地方政府在对外事务中的地位和作用。[2]

从国内形势看，日本中央政府在某些问题上的缺位和失败也伤害到地方利益。首先，中央政府的资源分配向某些地方政府倾斜，这导致地区发展的不均衡，落后地区的政府急于通过国际合作来弥补资源不足的劣势。其次，中央政府和地方政府之间也存在资源分配不合理的问题，自治体承揽了所有公共服务的2/3，而其获得的公共收入仅占全部公共收入的1/3。[3] 人口老龄化的加剧和就业形势的不断恶化等因素，导致了自治体的财政状况出现近一步恶化。有统计显示，地方政府债务总量占国民生产总值的比例，由1990的15%攀升至1995年的27%、2000年的37%，以及2004年的40%。[4] 最后，对中央政府的不满和质疑在泡沫经济破灭后变得尤其明显，日本社会对中央政府治理能力的迷信消失殆尽，关于“中央向地方放权”的呼声越来越强烈。[5] 1995年，日本颁布了《地方分权推进法》，进一步增大了地方政府的自主性。中央政府在国内治理方面的局限，迫使地方政府通过国际合作解决自身问题，同时也加强了地方政府参与外交事务的合法性。

---

① Feasel, Japan's Aid, " Lessons for Economic Growth, Development and Political Economy" (New York: Routledge, 2015), p. 2.

② Jain, Japan's Subnational Governments in International Affairs (New York: Routlege, 2005), pp. 106 – 107.

③ Alain Schebath, "Financial Stress in the Japanese Local Public Sector in the 1990s: Situation, Structural Reasons, Solutions", in Carola Hein and Philippe Pelletier, ed., *Cities, Autonomy, and Decentralization in Japan* (New York: Routledge, 2006), p. 84.

④ Ibid.

⑤ Arase, "Shifing Patterns in Japan's Economic Cooperation in East Asia: A Growing Role for Local Actors?", *Asian Perspective 21*, No. 1, 1997, p. 42.

三、日本城市外交的经验

（一）国内制度设计

中央政府的外交活动与城市外交之间有着怎样的关系？对于这一问题，学界一直争论不休。一些西方学者认为，城市外交的出现打破了中央政府对外交的垄断，荷兰国际关系研究所的罗吉尔·范·德·普拉伊吉姆与简·梅利森就采用了“竞争性合作”来形容二者之间的联系。① 与此形成鲜明对比的是，中国学者多强调城市外交的从属性。龚铁鹰认为，城市外交的作用首先在于配合国家的总体外交。② 然而，究竟应该通过怎样的制度设计来提高中央政府与地方政府外交活动的协调性？这一问题一直困扰着城市外交的实际操作者。

自20世纪80年代末以来，日本城市外交在国内机制建设方面取得了显著的进展。一方面，中央政府机构逐渐改变了过去的怀疑态度，以更加开放的心态看待自治体在国际事务中的积极作用，并采取了一系列措施协助、引导自治体开展国际合作。1986年，日本外务省设立了国际化咨询中心，专门为负责国际交流的地方政府官员提供帮助。③ 1991年开始，外务省开始为由自治体向海外派遣的执行技术援助的专家提供资金支持。④ 其他中央政府机构，如负责ODA技术援助的日本国际协力

---

① Rogier van der Pluijm and Jan Melissen, "*City Diplomacy: The Expanding Role of Cities in International Politics*", The Hague: Netherlands Institute of International Relations, 2007, p. 13.

② 龚铁鹰：“国际关系视野中的城市——地位、功能及政治走向”，《世界经济与政治》2004年第8期，第42页。赵可金和陈维也为城市外交做出如下定义：“城市外交是在中央政府的授权和指导下，某一具有合法身份和代表能力的城市当局及其附属机构，为执行一国对外政策和谋求城市安全、繁荣和价值等利益，与其他国家的官方和非官方机构围绕非主权事务所开展的制度化的沟通活动。”参见赵可金、陈维：“城市外交：探寻全球都市的外交角色”，《外交评论》2013年第6期，第69页。

③ Catherine Lu, Toshihiro Menju, and Melissa Williams, "Japan and 'the Other': Reconceiving Japanese Citizenship in the Era of Globalization", *Asian Perspective*, 29: 1, 2005, p. 119.

④ Jain, Japan's Subnational Governments in International Affairs (New York: Routlege, 2005), p. 44.

机构、负责提振日本产品出口的日本贸易振兴机构（Japan External Trade Organization）以及负责为ODA基础设施项目提供贷款的日本国际协力银行，也纷纷通过各种培训及伙伴计划开展与自治体的合作。① 另一方面，负责地方政府工作的日本自治省也颁布了一系列文件，规范自治体的对外交往，其中包括1987年的《关于地方公共团体开展有关国际交流的指导》、1988年的《对于开展国际交流的城市的指导》、1989年的《关于地域国际交流促进大纲有关政策的指导》等。② 这些措施在一定程度上减少了外务省与自治体外交活动可能产生的竞争与冲突，两者并行不悖、相辅相成的态势更加明显。

更重要的是，自治体的城市外交工作有了统一的牵头机构，制度化水平得到明显提高。1988年，在自治体及私人机构的资助下，专门协助自治体从事海外活动的CLAIR成立。如今，CLAIR不仅在全国47个都、道、府、县，以及20个城市设有办公室，③ 还先后在纽约（1988）、伦敦（1988）、巴黎（1990）、新加坡（1990）、首尔（1993）、悉尼（1994）和北京（1997）开设了海外办公室。与此同时，CLAIR还与日本国内的各自治体联合组织，如日本市长协会（Japan Association of City Mayors）实现了对接，成为这些协会的海外代表机构。④ 目前，除了JET等交流、合作项目的海外执行以外，CLAIR承担的职责还包括：帮助自治体招募姐妹城市、协助自治体承办国际会议、在海外为自治体推广旅游及本地产品等。如今，CLAIR已经成为连接日本自治体与国际社会最重要的桥梁，其规模之大、职责范围之广在整个世界范围内也是首屈一指的。⑤

---

① Jain, Japan's Subnational Governments in International Affairs (New York: Routlege, 2005), pp. 46 -49.

② 李海涛："日本：自治体的国际化与对外交往"，李小林主编：《城市外交理论与实践》，社会科学文献出版社2016年版，第184页。

③ CLAIR, "List of Domestic Branches", http://www.clair.or.jp/e/clair/sibulist.html, 2016年3月7日登陆。

④ City Mayors, "Japanese Mayors", http://www.citymayors.com/mayors/japanese-mayors.html, 2016年3月7日登陆。

⑤ Jain, Japan's Subnational Governments in International Affairs (New York: Routlege, 2005), p. 49.

（二）国际利益实现

如前文所述，日本的城市外交已经不再局限于象征意味较强的友城关系，合作形式更加多样化，也更加注重实效。普拉伊吉姆与梅利森将城市外交定义为“城市在国际政治舞台上以代表城市或其利益为目的，与其他行为体发展关系的制度和过程”。[①] 在“代表城市或其他利益”方面，日本自治体逐渐摸索出一套既凸显自身优势、又促进互利共赢的做法，城市外交已经成为自治体实现自身经济利益、为日本企业海外投资及贸易保驾护航的重要政策工具，这一点在东南亚地区表现得尤为明显。

日本自治体的城市外交活动之所以能够赢得东南亚城市的积极响应，一个主要原因在于日方对东南亚城市需求的准确把握。举例来说，东南亚是世界上自然灾害最为严重的地区之一，海啸、台风、地震都挑战着东南亚城市的安全，而很多东南亚城市因为地势较低，尤其容易遭遇洪灾。以菲律宾的马尼拉为例，根据马尼拉大都会发展委员会发布的信息，大马尼拉有22个地区易受洪水侵犯。[②] 曼谷也面临类似问题，有研究显示，由于摩天大楼的不断兴建以及对地下水的过度抽取，曼谷正在以每年1—1.5厘米的速度下沉。世界银行的报告认为，2050年曼谷遭遇洪灾的可能性将增加4倍。[③] 寻求应对自然灾害的经验，已经成为东南亚城市参与国际合作的主要动因之一。[④]

鉴于此，日本自治体也由此入手，通过分享自己在灾害应对方面的

---

① van der Pluijm and Melissen, *City Diplomacy: The Expanding Role of Cities in International Politics*, p. 11.

② MMDA Press Release，“MMDA Identifies 22 Flood Prone Metro Manila Areas”，http://asianjournal.com/news/mmda-identifies-22-flood-prone-metro-manila-areas/，2014年7月11日登陆。

③ Discovery News：“Floods Show What Lies Ahead for Sinking Bangkok”，http://news.discovery.com/earth/floods-in-sinking-thailands-future-111107.htm，2014年8月6日登陆。

④ 查雯：“争论中的城市外交与东南亚国家的经验”，《北京社会科学》2015年第9期，第119页。

经验，加强同东南亚城市的合作。早在1998年，横滨市就与曼谷合作，推广日本的洪水控制技术。在横滨市下水管理局官员的指导下，曼谷建立了在日本广为应用的“雨水储存池”，并在泰国全国范围内进行推广。① 东京都也以其主导建立的跨国城市网络——ANMC21为平台，拓展与东南亚城市的联系，并主持了ANMC21框架下的灾害管理项目，鼓励城市之间的经验交流和信息流通。该项目于2003—2015年间，共组织了13届“亚洲灾害管理大会”，其中有三届是东京都主办的，包括曼谷、河内、雅加达、吉隆坡、马尼拉、新加坡、仰光在内的东南亚城市已成为该项目最主要的参与者。②

灾害管理不仅体现了日本自治体在国际合作中的相对优势，同时也与自治体的经济利益密切相关。东南亚是日本企业海外投资的主要目的地之一。2011年泰国发生的特大洪灾曾严重破坏了曼谷及其周边五省的工业基地，重创了泰国制造业。据世界银行估计，洪水造成的损失达450亿美元。③ 日本企业在泰国尤其是曼谷周边的工业区有重要投资，2011年的洪灾中损失最为惨重的也是日本企业，这严重影响了日本投资者的信心，日本各级政府均面临着来自国内商业团体的压力。④ 2013年9月，泰国政府与日本政府就洪水早期预警系统达成一项协议，根据该协议，泰国同意由日本国际协力机构主持开发湄南河预警系统，并把该系统与日本的灾害预警系统进行对接，向公众发布湄南河水位数据。⑤ 对日本自治体而言，通过国际合作推广自身在灾害应对方面积累

---

① UN Habitat, “City - to - City Cooperation: Issues Arising from Experience”, file: ///D: /%E4%B8%93%E9%A2%98/city%20diplomacy/City - to - City%20Cooperation%20Issues%20Arising%20From%20Experience.pdf, 2014年7月25日登陆。

② ANMC21, “Joint Projects: Crisis Management”, http: //www.anmc21.org/english/projects/CR - network/index.html, 2016年3月7日登陆。

③ World Bank, “The World Bank Supports Thailand's Post-Floods Recovery Effort”, December 13, 2011, http: //www.worldbank.org/en/news/feature/2011/12/13/world - bank - supports - thailands - post - floods - recovery - effort, 2014年8月13日登陆。

④ Ooska News: “Japanese Investors Urge Renewal of Thai Flood Prevention Projects”, May 28, 2014, https: //www.ooskanews.com/story/2014/05/japanese - investors - urge - renewal - thai - flood - prevention - projects_ 160760, 2014年8月28日登陆。

⑤ Ibid.

的经验，不仅能对中央政府的外交形成策应，也是为本地企业海外投资保驾护航的重要手段。

拓展城市间的跨国合作还是促进日本产品出口的重要途径。日本自治体主导创立的城市网络组织 CityNet 和 ANMC21 均将提振工业、促进基础设施建设等经济目标纳入其日程。值得注意的是，不同于善于全盘布局和操作大型项目的中央政府，地方政府的国际合作更加适应地方经济尤其是地方企业的需要。2013 年 9 月，ANMC21 就在其会员城市河内举办了“日本物造技术展”，专门为东京的中小型尤其是那些有兴趣在越南开展业务的企业做推广。①

此外，通过 ODA 技术援助带动日本产品的出口，是日本政府的惯常做法。对于受援国而言，在接受了日本的技术培训后，选择熟悉的日本产品的概率也会随之增加。根据爱德华·费泽尔的测算，日本 ODA 增加 10%，将带动 3.3% 的出口增长。② 就城市合作而言，一个典型例子就是，2013 年，在菲律宾政府的邀请下，日本国际协力机构在大马尼拉开展了为期十个月的调查，并为大马尼拉改善交通和其他基础设施制定了长远规划。③ 该计划涉及的投资高达 570 亿美元，其中包括市区公路、铁路、地铁、机场、港口的兴建，公交车的升级，以及交通管理水平的提升等方面。④

如今，自治体已经成为日本技术输出的主要执行者。首先，城市对城市合作是日本政府了解其他国家技术需求的主要渠道之一，日本主导建立的跨国城市网络组织经常举办国际会议，邀请外国地方政府官员畅

① “Introducing the Technologies for Tokyo Small & Medium-Sized Businesses in Hanoi”, *Interaction Asia*, No. 29, http://www.asianhumannet.org/english/newsletter/201311/2.html, 2016 年 3 月 16 日登陆。

② Feasel, “Lessons for Economic Growth, Development and Political Economy” (New York: Routledge, 2015), p. 38.

③ 关于该组织在菲律宾的主要活动，见 http://www.jica.go.jp/philippine/english/office/topics/news/140328.html，2014 年 8 月 14 日登陆。

④ Jerry E. Esplanada, “Japan Present $57 – B ‘Dream Plan’ to Solve Metro Congestion”, Filipino Express, April 27, 2014, http://www.filipinoexpress.com/news/1351 – japan – presents – 57 – b – dream – plan – to – solve – metro – congestion, 2014 年 8 月 14 日登陆。

谈地方治理中面临的技术难题。[①] 不仅如此，城市对城市合作还成为日本展示其先进技术的主要窗口。例如，2013 年，亚洲开发银行、City-Net 以及日本川崎市在东京举办了以建立生态工业为主题的培训活动，来自 14 个亚洲国家地方政府、环境部、工业部的 32 位高级官员参加了培训，川崎市的生态城被作为生态工业的范例得到推广。[②] 最后，在推广城市治理经验的同时，自治体也自然而然地为日本产品做了最好的宣传。2015 年，东京都主办“亚洲灾害管理大会”期间，就不失时机地邀请参会的各国地方官员参观了在东京举办的安全设备贸易博览会。[③]

四、对中国的启示

东南亚是“21 世纪海上丝绸之路”上的第一站，大力发展与沿线城市的城市外交，将是对国家大战略的有益补充，同时也将为中国城市自身的发展提供难得的机会。日本自治体在东南亚地区进行的城市外交活动为我们带来以下几点启示。首先，日本的城市外交已经不再局限于象征意味较强的友城关系的构建，而是为城市外交注入了更多实质性内容。比如，鼓励自治体官员走出国门，为其他国家地方政府提供技术指导，推广自治体在日常工作中积累的地方治理经验；再比如，邀请外国专家担任自治体的“国际事务协调员”，这也极大地提升了自治体的国际化水平。同时，日本自治体还在构建 ANMC21、CityNet 等跨国城市网络组织方面发挥了领导作用，城市外交出现多边化、网络化的发展趋势。与双边友城交往相比，多边组织明显提高了城市外交的效率。如前文所述，中国缔结的友城数量超过日本，如何利用好这些友城关系，开

① CityNet, “CityNet Services”, http: //citynet – ap. org/wp – content/uploads/2014/05/City-Net – Services_ V3. pdf, 2016 年 3 月 16 日登陆。

② CityNet, “Update: Training Course on Eco – Industrial Clusters”, http: //citynet – ap. org/update – training – course – on – eco – industrial – clusters/, 2016 年 3 月 16 日登陆。

③ ANMC21, “Joint Projects: Crisis Management”, http: //www. anmc21. org/english/projects/CR – network/index. html, 2016 年 3 月 7 日登陆。

发出更多注重实效的合作项目，是中国城市外交面临的挑战之一。

其次，日本城市外交的组织结构同样值得中国借鉴。CLAIR 的出现和发展使日本城市外交的整体规划更加完善，促进了日本自治体之间就对外交往经验进行交流，有效地提高了自治体外交的专业化水平。同时，CLAIR 还成为自治体在海外的利益代表，降低了各自治体的国际活动成本。更可贵的是，CLAIR 更成为连接各级地方政府与中央政府不同机构的纽带，提高了中央政府外交和城市外交的协调性，减少了可能出现的冲突与竞争。中国也应效仿日本的做法，成立（或在已有机构基础上组建）城市外交的牵头机构，并进一步完善、丰富其功能。

最后，日本政府与东南亚城市的合作进一步提示我们，东南亚城市的基础设施改造和建设蕴藏着巨大的投资空间。目前，在推进"一带一路"倡议的过程中，中国把重点放在增进与周边国家的互联互通上，交通大干线的铺设又成为境外基础设施投资的重中之重。然而，如前文所述，很多东南亚城市都面临严重的自然灾害威胁，加大对大城市的基础设施投入，确保大城市的安全，是很多东南亚国家的重大利益诉求。在这个问题上，尽管日本各级政府起步较早，但却无法填补所有空白。CityNet 在 20 个亚洲国家的 70 个地方政府中开展的一项调查表明，受访城市普遍认为，现有的城市网络组织在环境、教育、健康以及社会文化等议题方面起到有益作用，而在基础设施建设、城市财政等方面作用有限。① 这也意味着，中国仍有较大的施展空间。从城市基础设施建设方面入手推进"一带一路"的建设，将对东南亚国家产生一定吸引力，促使其响应中国的"一带一路"倡议，而在这一过程中，中国地方政府和城市也应发挥更加积极的作用。

---

① BernadiaIrawatiTjandradewi and Peter J. Marcotullio, "City-to City Networks: Asian Perspectives on Key Elements and Areas for Success", *Habitat International*, Vol. 33, 2009, pp. 170 – 171.

图书在版编目（CIP）数据

变革中的国际秩序与城市外交/熊炜主编．—北京：时事出版社，2019.5

ISBN 978-7-5195-0295-9

Ⅰ.①变…　Ⅱ.①熊…　Ⅲ.①国际关系—研究②城市—外交—研究　Ⅳ.①D81

中国版本图书馆 CIP 数据核字（2019）第 041215 号

出版发行：时事出版社
地　　址：北京市海淀区万寿寺甲 2 号
邮　　编：100081
发行热线：（010）88547590　88547591
读者服务部：（010）88547595
传　　真：（010）88547592
电子邮箱：shishichubanshe@ sina. com
网　　址：www. shishishe. com
印　　刷：北京旺都印务有限公司

开本：787×1092　1/16　印张：13.5　字数：210 千字
2019 年 5 月第 1 版　2019 年 5 月第 1 次印刷
定价：88.00 元
（如有印装质量问题，请与本社发行部联系调换）